Karl Knortz

Mythologie und Zivilisation der nordamerikanischen Indianer

Zwei Abhandlungen

Karl Knortz

Mythologie und Zivilisation der nordamerikanischen Indianer
Zwei Abhandlungen

ISBN/EAN: 9783744618793

Hergestellt in Europa, USA, Kanada, Australien, Japan

Cover: Foto ©Suzi / pixelio.de

Weitere Bücher finden Sie auf **www.hansebooks.com**

MYTHOLOGIE

UND

CIVILISATION

DER

NORDAMERIKANISCHEN INDIANER.

ZWEI ABHANDLUNGEN

VON

KARL KNORTZ.

LEIPZIG.

VERLAG VON PAUL FROHBERG.

1882.

Mythologie der nordamerikanischen Indianer.

Die Forschungen moderner Philologen und Anthropologen haben den mythologischen Ueberlieferungen und Volkssagen des Alterthums eine grössere Bedeutung und einen höheren Werth als integrirenden Theil der Entwickelungsgeschichte des menschlichen Geistes beigelegt, als bisher infolge vornehmer Geringschätzung und Missachtung derselben möglich war. Allerdings hatten sie da keine leichte Arbeit zu überwältigen, um die durch Jahrtausende aufgehäufte Spreu von dem edeln, fast gänzlich erdrückten Weizen zu sondern und denselben wieder zu neuer Lebenskraft erstehen zu lassen. Es war dies unstreitig eine schwierige Aufgabe, aber die bis jetzt erreichten Resultate sind so überraschend und befriedigend, dass sie einen reichlichen und zugleich zu weiterer Nachforschungen ermuthigenden Ersatz für die darauf verwandte Zeit und Arbeit gewähren. Man sieht nun in der Mythologie nicht nur eine sinnige Natursymbolik und Schöpfungen und Spielereien phantasiereicher Gemüther, sondern auch den Anfang und die Basis eines jeden Religionssystemes. Die vergleichende Philologie leistete hier unstreitig die wesentlichsten Dienste und nur an der Hand derselben ist es möglich gewesen, zur Urquelle des menschlichen Dichtens zu gelangen. Die Mythologie zeigt uns das ursprüngliche Verhältniss, in welchem der Mensch zur gesammten Aussenwelt stand und welche Eindrücke dieselbe in seiner Brust hervorriefen; sie erzählt uns von seinen Idealen, Wünschen und Hoffnungen und giebt ihm seinem Verständniss entsprechende Antworten auf alle jene Fragen, welche ihm Leben und Natur vorlegten. Seine Mythen sind die Orakel, deren Einfluss auf Sitte, Cultur, häusliches und öffentliches Leben von der ausgedehntesten Tragweite war.

An der Wiege der Menschheit stand als absolute Herrscherin, Gesetzgeberin, die Phantasie; sie ersetzte Wissenschaft und Vernunft und löste alle Räthsel, die dem Naturmenschen sein beschränktes Dasein aufgab. Die Mythen sind daher auch stets als das Allerheiligste das noli me tangere der Völker gewesen und trotzdem, wie z. B. bei den Griechen, die Götter im Laufe der Zeit solchen Charakter an-

genommen hatten, dass sie in keiner Hinsicht als sittliche und nach-
ahmungswerthe Vorbilder angesehen werden konnten, so erlaubte die
religiöse Gesinnung jener Nation durchaus keine Verspottung und
Verachtung derselben und zwar wegen ihrer ursprünglichen, fest ein-
gewurzelten Bedeutung derselben als Personificationen des vielgestal-
tigen, dunkeln Schicksals.

Das mannigfaltige und geheimnissvolle Wirken der Naturkräfte,
also die sich als Licht oder Dunkel, Hitze oder Kälte manifestirenden
Gegensätze sind daher als der reiche und unerschöpfliche Born zu
betrachten, aus dem die Sage aller Völker der Erde schöpfte und
dem sie Leben und Wachsthum verdankte und worauf auch ferner
die häufig zu bitterem Spotte geführte Unbeständigkeit, verderben-
bringende Reizbarkeit, eigensinnige Parteinahme für ein besonderes
Volk oder Individuum und die auffallende, mit ihrer sonstigen Er-
habenheit grell contrastirende Frivolität der Göttergestalten zurück-
zuführen ist.

Sehr bezeichnend bedeutet das Wort Mythos zugleich auch Fabel.
Da die Thiere zu den Jäger- und Hirtenvölkern in naher Beziehung standen, so ist es sicherlich ganz natürlich, dass die Haupt-
gattungen derselben ebenfalls eine weitgehende mythologische Verwendung fanden. Hund und Pferd gehörten gewissermassen zu den
Hausgöttern und der im blauen Aether kreisende Adler genoss, weil
er mit dem Weltgeiste in nähere Berührung kam, bei fast allen Völkern
göttliche Verehrung. Phidias zeigt ihn uns zu den Füssen Jovis und
auf dem Lykanischen Berge vergegenwärtigten zwei auf einem Altar
stehende und dem Sonnenaufgange entgegen blickende Adler den
Herrscher des Himmels. Auch über der Halle Odin's ist das Ab-
bild eines Adlers zu sehen. Ueberhaupt spielen besonders die Vögel
eine grosse Rolle in der Mythologie. Die Römer verehrten den Specht
als einen dem Mars geheiligten Vogel und die Picantiner leiteten bekanntlich ihren Namen von ihm (picus) ab, und zwar deshalb, weil er
ihren Vorvätern bei der Auswanderung aus der alten Heimath als
Führer vorausgezogen sein soll. In der Gründungssage Roms tritt der
Specht neben dem Wolfe auf. Wenn Odin von seinem Herrscher-
sitze die Welt überblickt, so bringen ihm die auf seinen Schultern
sitzenden Raben oder Habichte (Hugin und Munin) Kunde von dem,
was unter ihm vorgeht. Schwalbe und Storch, letzterer als Glücks-
bote und Beschützer des Hauses, fliegen dem Wagen der Nerthus
voran, dessen Umzug im Frühling allgemeine Fruchtbarkeit bedeutet.

Die Griechen berichten von den menschenfressenden stymphalischen Vögeln, dass ihre Schwingen und Federn von Eisen waren
und dass sie dieselben sehr gewandt als Pfeile zu gebrauchen verstanden; als sie Herkules vertrieb, flogen sie wie ein dröhnendes
Schlossenwetter über das Meer. Sehen wir uns aber diese Erzählung
etwas genauer an, so wird es uns nicht schwer werden, darin einen
bekannten atmosphärischen Vorgang zu erblicken; denn die spitzen

Pfeilfedern sind aus der Höhe niederfahrende Blitze und Herkules ist der Sonnengott, welcher das Gewitter vertreibt. In dieselbe Kategorie der stymphalischen Vögel gehören auch die Sirenen, Harpien und Gräen. Die Harpien sind nach Hesiod Töchter des die Geheimnisse des Meeres repräsentirenden Thaumas und der Strahlen entsendenden Elektra; auch sind sie Schwestern der Iris. Die Ilias legt einer den Namen Weissfuss bei, nämlich infolge der unter ihren Füssen aufschäumenden Wellen — sicherlich Gründe genug, um in ihnen ebenfalls Sturmgöttinnen zu erkennen. Wahlverwandt mit den verlockenden dämonischen Wesen des Meeres, den unheilbringenden Töchtern des Stromgottes und der Blitzgöttin, sind die Musen, die himmlischen Tänzerinnen und Sängerinnen, — jene Personificationen der Winde, an denen sich die Einwirkung der griechischen Cultur am meisten bemerklich gemacht hat. Ihr ursprünglich wilder Charakter tritt noch deutlich in dem Wettstreite mit den Sirenen und den Töchtern des Pieros hervor. Dann die Gräen oder Grauen mit ihrem einzigen, leuchtenden Zahne, die da wohnten, wohin kein Sonnenstrahl drang; was sind sie anders als ein Bild des Gewitters?

Die Gräen als Wolkenschwäne bringen uns die Schwanenjungfrauen der deutschen Sage nahe, die, sobald ihnen das Originalgewand gestohlen wird, in die Hände der Räuber fallen. Als Beherrscherinnen der Wolken ist ihre Beziehung zur Fruchtbarkeit leicht erklärlich; die Schwanenjungfrauen haben daher auch als Gattinnen zahlreiche Kinder und bringen dem, der ihnen das abgeworfene, mysteriöse Hemd vorenthält, so lange Glück, als er seine Beute zu bewahren weiss.

Wenn die Griechen erzählen, Porphyrion habe das Gewand der Hera zerrissen und sei dafür von Zeus oder Herkules erschlagen worden, so wollen sie damit einfach sagen, dass der Sturm mit rothem Blitze die Wolken zertheilt habe.

Der Regenbogen ist der Schmuck der Göttinnen; er ist der Gürtel, um den Herkules mit den Amazonen kämpfte. In der deutschen Sage ist er der kostbare Goldschmuck der Freia, der nach der Edda von vier Zwergen (Winden) geschmiedet wurde; dann begegnen wir ihm wieder als Odin's Draupnir, den er auf Balder's Scheiterhaufen legte; er ist also immer der nach dem Gewitter hervortretende Regenbogen in neuer Gestalt.

Der eddaische Raub der Iduna, der Göttin des Frühlings, durch den Sturmriesen Thiassi, der den Bäumen ihren Schmuck stiehlt, bezeichnet einfach den Anbruch des Herbstes und Winters.

Die alten Inder sprachen von den Wolken als den Kühen der Sonne, welche auf dem blauen Gefilde des Himmels weideten. Zur Zeit der Dürre hielt sie eine schreckliche Schlange in Gefangenschaft, die, sobald sie von der Sonne besiegt ward, ihre Gefangenen losgab, so dass der Regen wieder zur Erde niederströmen konnte.

Der Schlange in Verbindung mit dem Gewitter begegnen wir als Symbol des Blitzes in zahlreichen Mythologien.

„Unter allen Schlangen ist eine
Auf Erden nicht gezeugt,
Mit der an Schnelle keine,
An Muth sich keine vergleicht." (Schiller.)

Als Apollo den Raben aussandte, um Wasser zu holen, brachte er es mit einer Schlange darin; in demselben Sinne hat auch Ganymed Blitzaugen und blitzendes Haar. Auch ist die Gewitterschlange deutlich erkennbar im griechischen Typhon, im kolchischen Drachen, in der nordischen Midgardschlange u. s. w. Da nun alle diese hier erwähnten mythologisch ausgeschmückten Handlungen ihren Schauplatz im Reiche der Wolken oder der Luft haben, so können wir auch dasselbe als den Geburtsort unserer gesammten religiösen Anschauungen ansehen. Wenn das Gewitter dröhnt, „fühlen sich alle Herzen in des Schicksals Gewalt", denn die Naturkräfte demonstriren dem Menschen so recht seine Hülflosigkeit und Abhängigkeit, und je nachdem sich dieselben ihm gegenüber freundlich oder feindlich äussern, werden sie zum Gegenstande der Anbetung oder der Furcht und des Hasses.

Ackerbauer, Jäger und Hirten haben Götter, welche ihrer individuellen Anschauung und ihrem speciellen Bedürfniss entsprechen; denn die Menschheit glaubt eben so wenig an einen und denselben Gott, wie sie durch das Band der Liebe vereinigt ist. Goethe sagt: „Wie Einer ist, so ist sein Gott". Furcht und theilweise auch Dankbarkeit haben daher das Pantheon der Menschheit mit Göttern bevölkert. Die alten Egypter beteten das Krokodil an, weil sie sich mit diesem gefährlichen Thiere gerne auf guten Fuss setzen wollten, aber sie verehrten auch zugleich das kleine Ichneumon, weil es die Eier des Krokodils frass und sie so gegen die Vermehrung des unheilvollen Gottes schützte.

Die Gottesidee ist also, wie aus diesen aphoristischen Bemerkungen klar hervorgeht, den Menschen durchaus nicht angeboren, sondern sie ist etwas allmählich Gewordenes und lediglich das Resultat phantastischer Naturbetrachtung, als welches sie je nach Erziehung und Umgebung zahlreiche Modificationen erhalten hat. Wäre das Gegentheil der Fall, wäre also der Gottesbegriff etwas durch eine „höhere, absolute Macht" in die Menschenseele Gelegtes, so müsste sich derselbe doch sicherlich in unwandelbarer Gleichheit zeigen. Wollte man alle Definitionen zusammenstellen, welche von jeher über das Wesen der Gottheit abgegeben worden sind, so würde man damit den besten Beleg für unsere Ansicht haben. Das aber ist auch sicher, dass bis jetzt noch kein Naturvolk ohne Gottesidee entdeckt worden ist, und wenn man hin und wieder das Gegentheil behauptet und auch die betreffenden Völker namhaft macht, so wage ich dreist zu bemerken, dass derartige Angaben grösstentheils auf mangelhaften Berichten und oberflächlichen Forschungen beruhen. Nichts ist so schwer auszufinden, als die wahre Beschaffenheit des religiösen Glaubens eines Naturvolkes. Wir treten gewöhnlich mit Fragen an sie heran, die, da sie unserer Geistesrichtung und Anschauungsweise entsprechen, ihnen gänzlich unverständlich sind; denn wir gehen von Prämissen aus, die wir auch bei ihnen als selbstverständlich voraussetzen, die ihnen aber in Wirklichkeit völlig fremd sind. Auf die Frage nach einem Gotte als dem, wie Feuerbach sagt, „über das objective Wesen des Menschen gestellte subjective Wesen" haben sie meist keine Antwort, weshalb auch den Missionären die Uebersetzung des betreffenden Wortes stets grosse Schwierigkeit bereitet und sie mitunter zwingt, zu langen Umschreibungen ihre Zuflucht zu nehmen. Fragt man aber nach ihren Göttern, die von ihnen verehrt und angebetet werden und denen sie einen gewissen Einfluss auf ihr Wohl und Wehe zuschreiben, so wird man wahrlich nicht lange auf eine Antwort zu warten haben. Ein jedes Volk hat seine Götter. Wo der Algonkin-Indianer etwas Unbegreifliches bemerkt, ist ein Manito im Spiele und da dieses Wort zugleich „Geist" und „der Erste" bedeutet (z. B. manito-gisis, Januar), so setzen ihm die Missionäre zur speciellen Bezeichnung ihres christlichen Gottes das Eigenschaftswort gitschi (gross) vor. Zahlreiche Composita in jener Indianersprache zeigen deutlich, dass man unter dem Worte „Manito" überhaupt etwas Unbegreifliches und Geheimnissvolles versteht. So heisst z. B. der Stahl manito-biwabik; letzteres Wort aber bedeutet „Fels" und da die Algonkins im Stahle etwas ausserordentlich Hartes erblickten und die Bereitung desselben für sie ein Geheimniss, also „manito" war, so bildeten sie jene charakteristische Zusammensetzung. Die Fabrikation des Tuches war ihnen ebenfalls unbekannt und ein daraus verfertigtes Kleidungsstück nannten sie zum Unterschiede von ihrer gewöhnlichen Kleidung manito-wegin oder geheimnissvolles Fell.

Das chippewäische Zeitwort manitowis heisst so viel, als für einen Zauberer angesehen werden.

Was der Algonkin manito nennt, wird vom Dakota mit dem Ausdruck wakan bezeichnet; wakanecon heisst Zauberei treiben, wakantauka der grosse Geist und wakan-hdi (hdi meint „kommen") Blitz, also etwas geheimnissvoll Kommendes. Was ihm unbegreiflich ist, ist wakan für ihn. Er sieht Sonne, Mond und Sterne an, weiss aber nicht, wer sie gemacht hat und woraus sie bestehen; er hört die Winde, aber die Natur und Entstehung derselben sind ihm unbekannt und daher wakan. Das erste Dampfboot, das der Dakota sah, und das sich vorwärts bewegte ohne Ruder und Segel und das stets den rechten Weg fand, ohne dass es Augen hatte, war wakan für ihn; das Pferd, das ihm erst durch die Europäer bekannt wurde und das er stets sehr hoch schätzte, nennt er schunka-wakan oder heiliger Hund.

Da die Tschinuks keinen den Ansichten der Missionäre entsprechenden Namen für Gott hatten, so bildeten sie selber einen, nämlich sagh-a-lie-tyee, was wörtlich übersetzt „der grosse Häuptling oben" bedeutet.*) Die Creeks nennen ihren Hauptgott „Meister des Athems"; die Tscherokesen den „ältesten der Winde" und die Choctaws heissen ihn einfach „Sturmwind". Die Hidatsa-Indianer haben dafür den Ausdruck itakatutas**), was ungefähr „der Zuerstgeschaffene" bedeutet. Der in den Sagen der Quichez eine bedeutende Rolle spielende Gott Hurakan repräsentirt einfach den Sturm und das Buch Popol Vuh sagt deshalb von ihm: „das Licht ist das erste Zeichen des Gottes Hurakan; dann kommt die Bahn des Strahles und zuletzt das Einschlagen des Blitzes". Eine ähnliche Bedeutung haben die mexikanischen Götter Tlaloc und Mixcoatl, welch letzterer Name auf deutsch „Wirbelwind" oder „Wolkenschlange" heisst. Die Nootkas nennen ihren Gott Quahootze; wenn ein Sturm wüthet, so klettern sie auf die Dächer ihrer Häuser und sehen nach den Wolken, der Heimath ihres Gottes, und bitten ihn inbrünstig, doch ja recht bald das böse Wetter vorüber ziehen zu lassen.

Quetzalcoatl, der Hauptgott der Azteken, dessen Name gewöhnlich mit „gefiederte Schlange" übersetzt wird, war nicht allein Repräsentant der Luft, als welcher er vier Diener hatte, sondern auch der Sonne, weshalb er wie alle Lichtgötter mit heller Gesichtsfarbe dargestellt wird; ausserdem trug er lange Kleider und einen langen Bart. Seine Symbole sind: der Vogel, die Schlange, das Kreuz und der Feuerstein, also Wolken, Blitz, die vier Winde und das durch den Blitz erzeugte Feuer. Nach Herrera hatte Quetzalcoatl den Körper eines Menschen und den Kopf eines Vogels mit rothem Schnabel und heraushängender Zunge. Nach Acosta war sein Bild mit edlen Metallen verziert, denn da er Gott der Fruchtbarkeit war, war er auch zugleich Gott des Reichthums. Das Kreuz war bei den Azteken das Sinnbild des Regens, mithin des befruchtenden Elementes, oder der vier Winde als Träger desselben; ihr Name dafür war tonacaquahuitl, „Baum eines Lebens oder Fleisches".***) Das erste Kreuz, welches die Spanier auf dem neuen Continente sahen, stand im Hofe eines Tempels auf der Cozumel-Insel und wurde von den Eingeborenen zur Zeit der Dürre angebetet. (Eine Analogie hierzu finden wir in dem nordischen Thor mit seinem kreuzförmigen Hammer, dessen nahe Beziehung zum Gewitter noch in dem Fluche „Kreuzdonnerwetter" erhalten ist).

Wo Quetzalcoatl regierte, sangen die Vögel muntere Lieder, und wenn er fortging, d. h. wenn es Nacht ward, nahm er sie mit sich. Die dem „Himmel" entfallenden Meteorsteine entsprangen eigentlich ihm und waren ihm daher geheiligt.

---

*) Siehe George Gibbs, Dictionary of the chinook Jargon. Washington 1863. (S. 21 u. 28.)

**) Oder itsika-ma-hidis. Siehe S. 162 „Ethnography and Philology of the Hidatsa Indians". By W. Mathews. Washington 1877.

***) Ueber Quetzalcoatl siehe den 3. Band von Bancrofts „Native Races of the Pacific States". New-York 1875.

Keine Zahl spielt in der amerikanischen Mythologie eine solche hervorragende Rolle wie die Zahl v i e r, wie auch schon Dr. Brinton in seinen „Mytho of the New World" bemerkt und dafür einige interessante Belege angeführt hat, die wir hier durch einige andere vermehren wollen. Dass jene mythologische Verwendung dieser Zahl ihren Ursprung in den vier Winden oder Himmelsgegenden hat, haben wir schon an den Dienern Quetzalcoatl's gesehen; auch ist dies bei einem beständig durch Feld und Wald streifenden Jägervolke leicht zu erklären. Setzte doch auch Odin, nachdem er aus dem Schädel Ymir's die Himmelsdecke gebildet und mit vier Ecken oder Hörnern versehen hatte, vier Zwerge als Wächter ein, die er Austri, Westri, Nordri und Sudri nannte.

Nach den Yukateken, wie Landa (Rel. de las Cosas de Yucatan) mittheilt, wurde die Erde von den vier Brüdern Kan, Muluc, Ix und Cauac getragen; dieselben hatten die Sintflut überlebt und waren von Gott an die vier Ecken der Welt gestellt worden.

Die Navajos glauben, dass sie früher unter der Erde und zwar in einem Berge am Flusse San Juan wohnten. Damit es daselbst nicht zu langweilig war, spielten ihre zwei grössten Männer die Flöte, wobei es sich nun eines Tages ereignete, dass der eine mit seinem Instrumente oben an die Decke stiess, welche so hohl erklang, dass man augenblicklich beschloss, ein Loch durch dieselbe zu bohren. Der Waschbär sollte nun zuerst hinausklettern, aber es gelang ihm nicht; nach ihm versuchte es ein Käfer, welcher besseren Erfolg hatte und glücklich auf die Oberwelt gelangte. Aber kaum hatte er sich niedergesetzt, so kamen auch schon von den vier Punkten der Erde vier weisse Schwäne auf ihn zu, die mit Pfeilen nach ihm schossen. Darnach flogen sie wieder nach ihren vier Richtungen ab und späterhin erblickte man auf der Stelle, wo sie sassen, vier Kanäle, durch welche das die Erde bedeckende Wasser abfloss. Nun wagte sich auch der Waschbär hinaus, sank aber gleich so tief in den Schlamm, dass seine Nachkommen noch heute an ihren Beinen die Spur davon zeigen. Die Winde bliessen jedoch die Erde sehr bald trocken, so dass Thiere und Menschen darauf leben konnten. Sonne und Mond aber gab es damals noch nicht und nachdem der Beschluss, diese nothwendigen Lichter anzuschaffen, zur Ausführung gelangt war, wurde die Führung derselben den zwei tauben Flötenspielern übergeben. Dieselben aber brachten anfangs die Sonne in eine solche gefährliche Nähe zur Erde, dass sie noch viermal weiter gerückt werden musste.

Die Sioux und Mandans[*]) deuten bei ihren Festlichkeiten mit der Pfeife erst nach den vier Himmelsgegenden, ehe sie dieselbe herumreichen. Das Hauptjahresfest der letzteren dauert vier Tage und werden jedesmal vier Männer, nämlich einer aus dem Norden, einer

---

[*]) Siehe Bd. I von Catlin's „North American Indians".

aus dem Süden, einer aus dem Westen und einer aus dem Osten des Dorfes ernannt, um die sogenannte Medicinloge auf das Fest herzurichten. Auf dem Boden derselben liegen vier Säcke voll Wasser, das der Sage nach aus der Sintflut stammen soll.

Die Arawacken von Guiana*) haben eine Sage von vier Brüdern, die in einer und derselben Stunde geboren waren und deren Mutter kurz nach der Geburt starb; dieselben durchwanderten die Welt und fanden einen mit Wasser und Fischen gefüllten Flaschenkürbis, dessen Inhalt sie sich munden liessen. Als jedoch darauf der Hauptgott seine Erscheinung machte, liessen sie vor Schreck die Kürbisflasche fallen; dieselbe zerbrach und aus dem herauslaufenden Inhalte bildeten sich die Seen, Flüsse und Meere, die man heute noch auf der Erde vorfindet.

Der den Dakotas von Unktahe, dem Gotte des Wassers, vorgeschriebene Medicin- oder Wakansack, der entweder aus dem Felle einer Otter, eines Waschbären, eines Wiesels, eines Eichhorns oder aus einer Fisch- oder Schlangenhaut bestehen sollte**), musste Theile von viererlei Arten von Wakan-Gegenständen, nämlich Geflügel, Heilkräuter, Heilbäume und Vierfüssler enthalten. Um sich dem Dienste jenes Gottes zu weihen und um in die ihn verehrende geheime Gesellschaft aufgenommen werden zu können, ist vor allen Dingen ein viertägiges Schwitzbad nöthig; auch wird der Wakan-Mann nach seinem Tode viermal wiedergeboren; dann aber verschwindet er auf Nimmerwiedersehen.

Der Dakota hat vier Seelen; die erste stirbt mit dem Körper; die zweite bleibt stets in dessen Nähe; die dritte, welche wanagi („die vom Körper getrennte") heisst und die für alle begangenen Thaten verantwortlich ist, geht über wanagitetschenku oder die Milchstrasse nach einer anderen Himmelsgegend, und die letztere bleibt in des Verstorbenen Scalplocke, welche die Verwandten so lange bewahren, bis sie Gelegenheit haben, sie in das Land des Feindes zu werfen, woselbst ein unruhiger Geist daraus wird, der grosse Verheerungen anrichtet.

Wenn ein Hidatsa-Indianer stirbt, so bleibt seine Seele noch vier Wochen in der Nähe des heimathlichen Dorfes und reist erst dann nach dem Lande der Todten ab. Will sich ein Indianer jenes Stammes auf die Adlerjagd würdig vorbereiten, so ist dazu ein viertägiges Fasten eine unbedingte Nothwendigkeit.

Der Algonkin glaubt, dass seine Seele nach dem Tode noch vier Tage in der Nähe des Körpers verweile und darnach die Reise nach dem „Wohnland des Nachdiesem" antrete. Während jener Zeit wird der Körper gewissenhaft mit Speise und Trank versehen.·

---

*) Siehe Brinton's "The Arawack Language of Guiana". Philadelphia 1871.
**) Siehe Seite 90 „Tah-koo wah-kan" by S. R. Riggs. Boston 1869.

Die Creeks stammen nach ihrer Ansicht von vier Männern ab, die aus den vier Himmelsgegenden kamen; dieselben brachten ihnen auch das Feuer und verschwanden in einer Wolke.

Die alten Incas führten den Titel „Herrscher der vier Theile der Welt"; die Azteken von Micla liessen bei ihren jährlichen vier Hauptfesten den vier Himmelswinden opfern und das Blut des geopferten Menschen, welcher vor seinem Tode viermal im Tempel herumgeführt wurde, ward in vier Gefässen aufgefangen.

So sehen wir überall die Zahl vier in directer Verbindung mit den Winden; diese aber als Symbol der Erschaffung und Erhaltung des Lebens; sie bringen den Regen und somit Fruchtbarkeit und Wohlstand und stehen zu den Göttern in der nächsten Beziehung. Da jedoch die Winde unsichtbar sind und ihr eigentliches Wesen für die Indianer ein nicht zu entschleierndes Geheimniss bildete, so sahen sie sich nach einer symbolischen Verkörperung derselben um und fanden eine solche in dem Vogel, der da auf den Wolken einhersegelt und den Sitz der Götter leicht erreichen kann. Er war mithin auch Bote der letzteren und brachte als solcher alle atmosphärischen Veränderungen und den Wechsel der Jahreszeiten hervor. Kein Wunder, dass er in der indianischen Mythologie eine solche tiefgehende Bedeutung erlangt hat. Seinem Fluge und Gesange schrieb man, wie auch bei zahlreichen europäischen Nationen, grossen Einfluss auf das Wohl und Wehe der Menschen zu. Viele Stämme halten die Vögel für die Seelen abgeschiedener Freunde und die früher in Virginien wohnenden Powhatans glaubten, dass ein gewisser Vogel die Seelen ihrer gestorbenen Häuptlinge in Empfang nähme, weshalb sie denselben auch für heilig hielten. Wie Whipple erzählt, so nahmen die Zunis von Neumexiko, wenn sie um Regen beteten, vier Adlerfedern, welche die vier Winde repräsentirten, in die Hand; die Natchez zollten dem Adler göttliche Ehren; die Tscherokesen erlaubten nur dem anerkannt tüchtigsten Krieger, sich mit seinen Federn zu schmücken, und die Dakotas nach einer Mittheilung von Vater de Smet nur dem, der zuerst die Leiche eines allgemein gefürchteten Feindes berührte.

Die Choctaws hatten einen Adlertanz, an dem sich nur vier Personen zu gleicher Zeit betheiligen durften. Die Sioux erzählen, dass die Spuren, welche der grosse Geist im rothen Pfeifensteinbruch hinterlassen habe, Vogelsspuren seien. In jene Gegend verlegen sie auch den Sitz des kleinen Donnervogels, der während schönen Wetters ruhig auf seinen Eiern im Neste sitzt. Als Gesellschafterin hat er eine Schlange mit feuriger Zunge — den Blitz also —, welche seine Jungen ermordet, sobald sie ausgebrütet sind. Der Donner entsteht durch das Schwingen seiner Flügel, welcher Ansicht auch die Tatu-Indianer in Californien sind.*)

Die Groskentres glauben, dass sich hoch oben in der Luft ein

*) Siehe „Tribes of California" by Stephen Powers. Washington 1877.

Adler von furchtbarer Grösse befinde, der immer auf und ab fliege und der auf seinem Rücken einen grossen See voll Wasser trage. Wenn er sich in schlechtem Humor befinde, so bewege er hastig seine Flügel, worauf der Donner über die Prairie hin hallt; wenn er mit den Augen blinzelt, so blitzt es, und wenn er mit seinem Schwanz wedelt, so fliesst der See auf seinem Rücken über und der Regen ergiesst sich auf die Erde.*)

Die Makahs glauben, der Donnervogel sei ein riesiger Indianer, der auf einem hohen Berge wohne und sich nur von Walfischen nähre.**) Sobald er Hunger verspürt, hüllt er sich in ein eigenthümliches Gewand ein, das aus einem Vogelkopfe, ein paar grossen Flügeln und einem Federkleide besteht; um seine Lenden bindet er den Hahetoak oder den Blitzfisch, der einen Kopf so scharf wie ein Messer und eine rothe Zunge, mit welcher er Feuer anzündet, besitzt. So ausgerüstet segelt er über den Ocean und sobald er einen Walfisch erblickt, lässt er den tödtenden Hahetoak auf ihn fahren und schleppt ihn dann in seine Bergwohnung, woselbst er ihn mit Muse verzehrt. Zuweilen fährt der Hahetoak auch mit seinem spitzen Kopfe in einen Baum und zerreisst ihn in Stücke. Sobald dies die Indianer merken, eilen sie an jenen Platz, um nach einer Reliquie des geheimnissvollen Blitz-fisches zu suchen; dieselbe soll nämlich ihrem Besitzer ganz ausser-ordentliche Macht verleihen. Die Wohnung des Thlukluts, wie der Donnervogel in der Sprache des betreffenden Stammes genannt wird, soll sich auf Vancouvers Island befinden, woselbst man nämlich in der Nähe eines Bergsees zahlreiche Walfischknochen gefunden haben will. Heute noch sind die meisten Feste der Makahs der Verehrung jenes Ungeheuers gewidmet.

Aus dem bisher Mitgetheilten haben wir gesehen, dass die Schlange zuweilen in Verbindung mit dem Vogel auftritt und dass beide in directer Beziehung zum Winde und Gewitter und somit auch zur Gott-heit stehen. Die Shawnis nannten den Donner das Zischen der grossen Schlange; die Klapperschlange hielten sie für ein heiliges Thier, ein Umstand, der bekanntlich einstens dem frommen Grafen Zinzendorf im Wyoming-Thale das Leben rettete. Als sich nämlich einige Indianer mit der Absicht, ihn zu tödten, an sein Zelt geschlichen hatten, sahen sie darin eine Klapperschlange ruhig an seinem Feuer liegen, woran sie erkannten, dass der Graf wirklich ein Mann Gottes sei, infolge dessen sie sich wieder unverrichteter Sache zurückzogen.

Als der französische Missionär Buteux i. J. 1637 die Algonkins besuchte und sie nach der Natur des Blitzes fragte, erhielt er zur Antwort, derselbe sei eine ungeheure Schlange, welche den Manito ausbreche und unter den Bäumen, in welche der Blitz eingeschlagen habe, seien daher oft grosse Schlangen gefunden worden.

---

*) Siehe S. 257, Boller, „Among the Indians". Philadelphia 1868.
**) Siehe „The Indians of Cape Flattery". By J. G. Swan. Washington 1869.

Der Donnergott der Tolteken hielt in seiner Hand eine goldene Schlange als Zeichen des Blitzes. Die Huronen hatten eine Sage von einer Schlange, welche ein Horn besass, mit dem sie Felsen und Bäume spalten konnte. Nach den Ansichten der Irokesen und Algonkins wohnen in den grossen nordwestlichen Seen Schlangen, die durch Opfer versöhnt werden müssten, wenn man nicht haben wollte, dass sie Stürme und Gewitter herauf beschwören sollten.

Die Tscherokesen erzählen, dass einst auf einem Berge der König der Klapperschlangen gewohnt und einen Stein von gewaltiger Zauberkraft besessen habe. Jeder Krieger, der sich ihm nahte, büsste seine Verwegenheit mit dem Leben; endlich aber hüllte sich einer in Leder ein, so dass ihn der Zahn des giftigen Wurmes nicht verletzen konnte, und setzte sich somit glücklich in den Besitz des heiligen Steines.

In den Sagen der südamerikanischen Eingeborenen nimmt die Schlange eine hervorragende Stelle ein und wird dort ebenfalls als Sinnbild des Blitzes und des Gewitterregens und somit des Reichthums und Lebens betrachtet. In Peru verehrte man den Gott des Wohlstandes unter dem Bilde einer Klapperschlange mit goldenem Schwanze, und dass der Name des aztekischen Quetzalcoatl, der auch Gott des Reichthums war, „Federschlange" bedeutet, haben wir bereits bemerkt.

Das berühmte Kreuz von Palanque, das schon zu zahlreichen, weit auseinander gehenden Ansichten Veranlassung gegeben hat, zeigt erstens durch die Kreuzform, wie Dr. Brinton treffend bemerkt, die vier Himmelswinde an und dann deutet der Vogel, der auf ihm sitzt, und die Schlange, worauf es steht, auf den Lichtgott hin, welcher die Winde regiert. Wenn nun aber jener Gelehrte die Heiligkeit der Schlange bei den nordwestlichen Hauptstämmen, den Dakotas und Algonkins, auch dadurch beweisen will, dass die Ausdrücke für „heilig" und „Schlange" in den betreffenden Sprachen in naher etymologischer Verwandtschaft ständen, so hat er nur in Bezug auf die letztere Recht, indem in der Chippewä-Sprache manito „geheimnissvoll" oder „göttlich" und manitons einen kleinen Geist oder Wurm bedeutet; in Bezug auf die erstere aber hat er ganz entschieden Unrecht, da die Dakota-Sprache kein Wort für Schlange kennt, das mit wakan zusammenhängt.*)

Als die Erde noch im Dunkeln lag, erzählen die Mizteken, erschien ein Gott Namens „Löwenschlange" und eine Göttin Namens „Tigerschlange". Sie nahmen ihre Wohnung auf einem hohen Berge, woselbst ihnen zwei Söhne geboren wurden, von denen sie den einen „Wind der neun Schlangen" und den andern „Wind der neun Höhlen" nannten. Wenn sich der ältere amüsiren wollte, nahm er die Gestalt eines Adlers an und flog in der Welt umher; der andere

---

*) Siehe die zahlreichen Zusammensetzungen mit wakan in Riggs' „Grammar and Dictionary of the Dakota Language". Washington 1852.

hingegen verwandelte sich in eine geflügelte Schlange, in welcher Form er nicht allein durch die Luft, sondern auch durch Felsen und Berge fliegen konnte. Eines Tages nun, wie es weiter heisst, verliessen sie das Haus ihrer Eltern und legten gemeinschaftlich eine Wiese und einen Garten an, in welche sie allerlei Bäume, Blumen und Kräuter pflanzten, die sich durch rechtzeitiges Bewässern zahllos vermehrten.

Die Quichez in Guatemala, welche uns in ihrem bereits erwähnten „Popol Vuh" eine ausführliche Mythologie hinterlassen haben, sagen, dass vor der Erschaffung der Erde nur das Meer und der Gott Gucumatz existirt habe, welch letzteren sie als eine blaugrüne gefiederte Schlange darstellen.

Da also, wie aus unserer bisherigen Betrachtung hervorgeht, das Wasser als befruchtendes und zum Leben der Menschen, Thiere und Pflanzen unentbehrliches Element von den Ureingeborenen Amerikas gleichsam als Geschenk des Himmels angesehen wurde, so ist es auch leicht verständlich, warum dieselben so vielen Seen und Flüssen göttliche Ehre zollten und sie mit Geistern bevölkerten, die sie sich durch Opfer gewogen zu machen suchten.

Dass dem Wasser Alles entstammte, war eine Ansicht, zu der sie sicherlich ohne solches Kopfzerbrechen wie der griechische Weise Thales gelangten. Wie Hesiod dasselbe zum Geburtsorte der Götter machte und ihm die Stammeltern derselben, Okeanos und Thetis, entsteigen liess, so liessen auch die Peruaner ihren mythischen Civilisator Viracocha aus den Tiefen des Meeres hervorgehen. *)

Die „heiligen" Eigenschaften des Wassers sind dem indianischen Medicinmann wohl bekannt, weshalb er auch seine Patienten, um den „Geist der Krankheit" zu vertreiben. mit jenem Elemente bespritzt, wobei er eine unverständliche Formel murmelt. Da mit dem Wasser die Begriffe Reinheit und Entsündigung sehr eng verbunden sind, so hatten mehrere Stämme auch einen Gebrauch eingeführt, der lebhaft an den christlichen Ritus der Taufe erinnerte, was die ersten Missionäre auf den Glauben brachte, der Teufel sei vorher dort gewesen und habe sie durch die Einführung jenes Gebrauches verspotten wollen.

Das von den Mayas bei jener Ceremonie angewandte Wort caput zihil heisst ungefähr „neugeboren"; in Peru trieb man auch dabei den Teufel aus und zwar in das Wasser hinein; auch badeten sich daselbst die Erwachsenen im Gefühle ihrer Sündhaftigkeit in einem Flusse und ersuchten denselben, ihre Sünden fortzuschwemmen und ja nicht wieder zurück zu bringen. Sahagun berichtet von den Azteken,

---

*) Von Heraklit nimmt man gewöhnlich an, dass er das Feuer für den Urgrund aller Dinge hielt. Wenn wir jedoch bedenken, dass er unter Feuer nicht die eigentliche Flamme, sondern die warme, trockne Luft, oder mit anderen Worten den Aether meinte, so sehen wir, dass sich seine Ansicht doch nicht so wesentlich von der des Thales unterschied.

dass dieselben das Kind vor der „Taufe" für unrein hielten und dass es erst „durch unsere Mutter", das Wasser, neugeboren würde. Der Navajo-Indianer, der einen Leichnam nach dem Begräbnissplatze getragen hatte, blieb so lange unrein, bis er sich in einem durch allerlei Ceremonien geweihten Wasser gewaschen hatte. Die Dakotas haben einen Geist des Wassers, den sie Unktahe nennen, was „ausserordentliche Kraft" bedeuten soll. Er soll einem riesigen Rosse gleichen, dessen Schwanz, in dem auch seine Hauptstärke liegt, so lang ist, dass er damit den Himmel berühren kann. Sein Weibchen, das die Erde belebt und befruchtet, nennen sie Grossmutter und ihn reden sie Grossvater an; beiden wird geopfert.

Mit dem Wasser steht der Mond, welcher den Thau und Nebel der Nacht bringt und auch grossen Einfluss auf den Regen haben soll, in naher Verbindung. Isis, sein egyptischer Name, bedeutet Feuchtigkeit, und Ataensic. womit ihn die Huronen bezeichnen, ist ein Name, der von ihrem Worte für Wasser abgeleitet ist.

Die Mexikaner und Peruaner verehrten ihre Götter des Wassers zur Zeit des Vollmondes; die Orinokko-Indianer griffen bei einer Mondfinsterniss schnell zur Hacke, um ihr Korn zu bearbeiten, weil sie glaubten, der Mond, welcher grossen Einfluss auf die Fruchtbarkeit hat, verberge wegen ihrer Faulheit sein Gesicht.

Aber als Gott der Nacht hat der Mond auch seine gefährlichen Seiten; er schickt Kälte und Fieber und die brasilianische Mutter setzt daher ihr Kind nie den Mondstrahlen aus. Auch die egyptische Isis war Urheberin der Krankheiten. Die Muyscas erzählen von einer Tod und Verderben sendenden Frau, welche sie Chia, „Mond, oder Göttin des Wassers" nennen.

Mit der Nacht und auch mit dem Monde wird der Hund oft in Verbindung gebracht. In Egypten war er der Isis geheiligt und die Römer opferten ihn der Hecate. Im Falle einer Sonnenfinsterniss erhalten die Hunde von den Creeks die derbsten Prügel, weil sie glauben, dieselbe entstehe dadurch, dass ein grosser Hund das Tagesgestirn verschlingen wolle, von welchem Unternehmen er durch die Qualen seiner kleineren Brüder zurückgeschreckt werde.

In der Provinz Huanca wurde in mehreren Tempeln der Hund als die höchste Gottheit verehrt und die Peruaner nannten einen Priester alco, d. h. Hund. Die Schoschonis in Neumexiko nennen den Hund ihren Stammvater und die Stämme an den nordwestlichen Seen opfern ihn während eines Sturmes, um den Geist des Wassers zu beruhigen. Als die Indianer auf dem Yellow Stone River das erste Dampfboot erblickten nnd den ersten Kanonenschuss hörten, opferten sie schnell ihre Hunde, um sich vor Unglück zu bewahren. Die Alaskaner opfern einen Hund, wenn sie rheumatische Schmerzen haben.

Das Feuer bildet den Anfang des geselligen Lebens; es ist das Bild des Friedens und Glückes. Dem Fremden einen Platz am Feuer anweisen, bedeutet ihn willkommen heissen. Es war gewissermassen bei den Aboriginern der Repräsentant des Lebens; die Shawnis sagten, das Feuer auf dem Herde und das Leben im Körper seien eins und dasselbe und die Delawaren nannten es ihren Grossvater und widmeten ihm ein besonderes Fest. Die Natchez verehrten die Sonne, welche sie wah-sil (grosses Feuer) nannten, unter dem Bilde des Feuers und von der beständigen Unterhaltung desselben in einem heiligen Tempel hing ihren Ansichten nach ihre ganze Existenz ab. In den Liedern der Choctaws wird es hashtali-iticapa („der älteste Sohn der Sonne") genannt; jene Indianer hielten auch unanständige und böse Handlungen von dem Feuer fern, weil sie glaubten, dass es der Sonne davon Mittheilung machen würde.

Die Eingeborenen von Mendocino County in Californien glauben, der „Mann oben" habe es mittelst eines Blitzes in eine gewisse Holzart geschickt, weshalb es auch, wenn man zwei Stücke davon zusammen reibe, zum Vorschein komme. Die Cholulaner verehrten Quetzalcoatl als Feuerstein und die Miskwallis im fernsten Nordwesten beten zu dem Gotte Hunne oder Hodde, welcher ihnen das Feuer brachte, was auch die Bedeutung seines Namens anzeigt. *) Die Vorfahren der Tolowas sollen einer von St. Powers mitgetheilten Sage nach das Feuer vom Monde geholt haben. Die Schastikas in Californien sagen, dass vor langer, langer Zeit im fernen Osten ein glänzender Feuerstein gewesen sei, den der Coyote oder Prairiewolf geholt und den Indianern geschenkt habe; letztere verdanken demselben das Feuer.

Das Gewitter, also die Verbindung von Feuer und Wasser, hat die verschiedenartigsten Ansichten hervorgerufen. Die Maidus halten Donner und Blitz für zwei auf das Verderben der Menschen sinnende Geister und die Dakotas glauben, jenes geheimnissvolle Geräusch entstehe dadurch, dass sich der Gott des Wassers mit dem Donnervogel streite.

Heno, der Donnergott der Irokesen, ritt auf den Wolken und sandte den warmen Regen, weshalb er auch als Gott der Fruchtbarkeit verehrt und im Frühjahr und Herbst angebetet wurde.

Wie zahlreiche Nationen der alten Welt ihre in geheimnissvolles Dunkel gehüllten Helden oder Götter haben, welche ihnen alle zum Lebensunterhalt nöthigen Dinge brachten und sie nützliche Handwerke und veredelnde Künste lehrten, so hat auch ein jeder Stamm der amerikanischen Eingeborenen ein solches Wesen, dem er Alles verdankt, was er hochschätzt. Die Algonkins nennen diese fabelhafte Figur Menabuscho, ein Name, dessen ursprüngliche Bedeutung nicht mehr festzustellen ist. Wenn im Winter sie das rauhe Wetter in den Wigwam bannt, erzählen sie gewöhnlich seine Abenteuer, in denen er abwechselnd als gefährlicher Zauberer, unglücklicher

---

*) Siehe „Tribes of the Extreme Northwest" by W. H. Dall. Washington 1877.

Hanswurst, erfolgreicher Jäger und Fischer, schlauer Schlangen-
besieger, Erfinder des Medadienstes und verschmitzter Eulenspiegel
figurirt. *) Er verheirathet sich, baut eine Hütte, jagt und fischt, leidet
Hunger und Noth und hat Freunde und Feinde so gut wie jeder andere
Indianer. Er säubert die Erde von Riesen und Schlangen und da er
über allerlei mächtige Zaubermittel gebietet, entrinnt er zuletzt immer
glücklich den Gefahren. Er kann sich in ein jedes Thier verwandeln
und erscheint auch häufig in der Gestalt eines solchen.

Er wohnte mit seiner Grossmutter an dem Ende einer weit ausgedehnten Prairie und fragte dieselbe eines Tages nach seiner Her-
kunft. Sie sagte, der Westwind sei sein Vater; auch habe er noch
drei Brüder, nämlich den Norden, Süden und Osten, und seine Mutter
sei kurz nachdem sie ihm das Leben geschenkt hatte, infolge schlechter
Behandlung seitens seines Vaters gestorben. Dies bringt nun Menabuscho dermassen in Wuth, dass er augenblicklich beschliesst, seinen
Vater aufzusuchen, um ihn zu tödten.

Auf einem hohen Berge im Westen fand er ihn endlich; der
Kampf begann und Menabuscho trieb seinen Vater über Berge und
Seen bis an den äussersten Rand des Westens, wonach er Frieden
mit ihm schloss und wieder zurück in seine Heimat ging.

Darnach wollte er den König der Fische fangen, ward aber von
demselben sammt seinem Boote verschlungen. ˙ Doch einige Seemöven
hackten von aussen glücklicherweise eine Oeffnung in den Rücken des
Riesenfisches, so dass er wieder wohlbehalten herauskriechen konnte.

Dann machte er sich auf, um den grossen Häuptling Perlfeder,
welcher seinen Grossvater erschlagen hatte, zu bekriegen. Er schoss
die Wache stehende Schlange nieder und fuhr, da er sein Boot mit
dem aus dem Königsfische gewonnenen Oele eingeschmiert hatte, ohne
stecken zu bleiben durch den andern Menschenkindern so verhäng-
nissvollen Pechsee.

Endlich sah er den gefürchteten Manito auf einem Berge und
beschoss ihn lange Zeit erfolglos. Zuletzt hatte' er noch drei Pfeile.
Ein Specht rief ihm zu, dass Perlfeder nur am Wirbel seines Kopfes
zu verwunden sei und der letzte Pfeil traf dann auch wirklich die
bezeichnete Stelle. Den Kopf des Spechtes färbte Menabuscho zum
Danke roth.

Einst hatte er einen gewaltigen Fisch gefangen und alle Thiere
zur Verspeisung desselben eingeladen. Als sie damit fertig waren,
befahl er ihnen die Augen zu schliessen und erschlug dann eins nach
dem andern. Doch einer kleinen Ente kam die Sache etwas ver-
dächtig vor, sie öffnete ein Auge ein wenig und rief: Menabuscho
tödtet uns! wonach sie schnell zu entkommen suchte. Menabuscho
gab ihr darauf zum Andenken einen Tritt mit, welchem ihre schnat-

---

*) Die über ihn von Schoolcraft gesammelten Märchen gaben Longfellow
den Stoff zu dem Epos „Hiawatha".

ternden Nachkommen ihre jetzige platte Gestalt und rückwärts ge-
richteten Füsse verdanken.

Sein Durst nach Abenteuern wuchs von Tag zu Tag. Einst be-
gegnete er einem alten Zauberer, der Wolfsgestalt angenommen hatte
und sechs Junge mit sich führte. Um an ihrer Jagd theilnehmen zu
können, liess er sich ebenfalls in einen Wolf verwandeln. Als er
einst ein Elennthier erlegt hatte und mit dem Gedanken beschäftigt
war, an welchem Theile er mit dem Aufessen desselben den Anfang
machen sollte, störte ihn das Geräusch zweier sich im Winde reibender
Aeste dermassen, dass er erst auf den betreffenden Baum kletterte,
um diese Unannehmlichkeit zu beseitigen. Unglücklicher Weise aber
gerieth er mit einem Arme zwischen die Aeste und ward so fest ein-
geklemmt, dass er ruhig zusehen musste, wie ihm die Wölfe inzwischen
sein Wild auffrassen.

Darauf ging er wieder nach Hause und nahm den jüngsten Wolf
mit, weil derselbe ein ausgezeichneter Jäger war. Ihm verbot er eines
Tages, ja nicht über das Eis des See's zu gehen; aber derselbe be-
kümmerte sich nicht darum und die Folge davon war, dass er eines
Tages einbrach und von den Schlangen, welche wussten, dass er
Menabuscho's Enkel war, in die Tiefe gezogen ward.

Sobald Menabuscho den Aufenthalt der Schlangen ausgefunden
hatte, verwandelte er sich da, wo dieselben gewöhnlich ihr Mittags-
schläfchen zu halten pflegten, in einen Baumstamm, erschoss ihren
König und lief dann über alle Berge, mit jedem Schritte eine Meile
zurücklegend. Als er sich auf dem höchsten Berge befand, trat plötzlich die Sintflut ein und erreichte ihn in kurzer Zeit. Er kletterte
auf einen Baum, aber das Wasser kam ihm nach. Wachse! rief er
ihm gebieterisch zu und es geschah also. So streckte sich der Baum
dreimal, mehr konnte er nicht. Als Menabuscho das Wasser an's
Kinn reichte, liess es nach und er befahl einem Seeflunder unter-
zutauchen, um Erde zu holen. Derselbe folgte, kam aber nur als
Leiche an die Oberfläche. Der Moschusratte ging es ebenso, doch
Menabuscho blies ihr wieder neues Leben ein und schickte sie abermals in die Tiefe. Beim zweiten Male brachte sie ein wenig Schlamm
in den Klauen zurück, woraus Menabuscho eine neue Erde mit Pflanzen
und Thieren darauf schuf.

Die Schlangen aber gaben ihre Verfolgung nicht auf und Menabuscho musste abermals sein Heil in der Flucht suchen. Ein Dachs
grub eine Höhle für ihn und warf dabei die Erde stets rückwärts,
so dass sie ihm nicht nachkriechen konnten. Währenddem dieselben
nun am Eingange liegen blieben, um ihn auszuhungern, kroch Menabuscho am entgegengesetzten Ende heraus und hüllte sich in die Haut
des Schlangenkönigs. So maskirt nahte er sich den Schlangen wieder
und erschlug die meisten; die überlebenden flohen nach dem Süden.

Nach seinem Tode erhielt Menabuscho die Aufgabe, die Seelen
der Indianer in das Paradies zu führen; nach einer anderen Sage

soll er den Nordwestwind regieren und vereint mit seinem Bruder Gabibonoke, dem Winter, die Stürme und Gewitter schicken. Keiner der Märchenerzähler stimmt mit dem andern überein. Menabuscho erscheint in den endlosen Erzählungen der Algonkins als ein Conglomerat aller Charaktere; er ist gutherzig und dann wieder verschmitzt und grausam; heute ein weiser Gesetzgeber und morgen der albernste Hanswurst von der Welt; hier spielt er den gewaltigen, achtunggebietenden Helden und dort wieder den lächerlichsten Donquijote. Immerhin aber erscheint er im Kampfe mit Schlangen, also atmosphärischen Mächten, und die Waffe des Blitzes steht ihm stets zur Disposition. Als Schutzgeist der Algonkins geniesst er göttliche Verehrung und wenn die schöne Zeit des Spätherbstes oder Indianersommers kommt, so sagen sie, Menabuscho rauche wieder seine Pfeife.

Wir hatten bereits bemerkt, dass die Bedeutung seines Namens unbekannt sei; doch er wird auch häufig Mitschabo genannt, ein Name, den Schoolcraft mit „grosser Hase" übersetzt, was jedoch ein gewaltiger Irrthum ist. „Mitscha" heisst allerdings gross, „abo" aber meint „hell" oder „glänzend", so dass also jener Name mit „grosses Licht" zu übersetzen ist, wodurch natürlich ein ganz anderer Sinn zum Vorschein kommt.*) Mitschabo ist nach einer Mythe Enkel des Mondes und Sohn des Westwindes; betrachten wir nun den Mond als Göttin der Nacht und die Dämmerung als Mitschabo's Mutter, welche kurz nach dessen Geburt stirbt, so haben wir die verständliche Reihenfolge: Nacht, Dämmerung und Morgen. Nun heisst's weiter: Mitschabo fing mit seinem Vater auf einem hohen Berge Streit an und schoss feurige Pfeile nach ihm; was sind dies anders als die Sonnenstrahlen, die morgens zuerst auf die Berge fallen? Jene ganze Sage ist mithin nichts Anderes, als eine allegorische Darstellung des Kampfes zwischen Tag und Nacht. Dass ein Held oder Gott wie Menabuscho im Laufe der Zeit mit allerlei entheiligenden Attributen versehen und mit unwürdigen Affairen in Verbindung gebracht wird, darf uns durchaus nicht wundern, da wir denselben Umstand ja auch bei den „classischen" Göttern Roms und Griechenlands finden.

Bei den Irokesen finden wir die Zwillingsbrüder Tawiscara, der Schwarze, und Joskeha, der Weisse, als Hauptgötter. Ihr Grossvater war der Mond und ihre Mutter starb infolge ihrer Niederkunft. Bald geriethen die beiden Brüder in Streit, in dem Joskeha die Hörner eines Hirsches, der andere hingegen eine wilde Rose als Waffe gebrauchte, was zur Folge hatte, dass er den Kürzeren zog und schwer verwundet ward. Aus seinen Blutstropfen entstand der Feuerstein. Joskeha ging darauf zu seiner Grossmutter und schlug seine Hütte am grossen Ocean im fernen Osten, woher die Sonne kommt, auf. Er ward Stammvater der Menschen und specieller Beschützer der Iro-

---

*) Siehe darüber die Einleitung zu meiner Uebersetzung von Longfellows „Hiawatha". Jena 1872.

kesen. Er zerstörte den Riesenfisch, welcher alles Wasser aufgetrunken
hatte, und schuf Flüsse und Seen. Er that Fische in das Wasser
und Wild in die Wälder. Er lehrte auch die Kunst des Feuermachens,
die er von der grossen Schildkröte, welche die Welt auf dem Rücken
trägt, gelernt hatte.

Die Arawacken erzählen von einem höchsten Wesen, das sie
Yauwahu oder Yauhahu nennen und von dem sie sagen, es schicke
Krankheit und Schmerz. Als eines Tages ein Eingeborener am Ufer
des Wassers spazieren ging, erschien ihm der Wassergeist, nämlich
die Frau Orehu, und machte ihn mit den Zaubergeheimnissen bekannt, welche nöthig waren, um jenen Gott mit den Menschen zu
versöhnen und ihn liebevoll gegen sie zu stimmen.

Die Makahs in Californien sagen, sie dürfen den eigentlichen
Namen ihres „grossen Geistes" nur denjenigen mittheilen, welche in
den geheimen Dienst desselben eingeweiht seien; sie rufen ihn, was
der Merkwürdigkeit wegen Erwähnung verdient, beim Niesen an, damit
ihnen, wie sie sagen, der Kopf nicht fortfliege. Sie beten ihn hauptsächlich zur Zeit des Vollmondes an, und zwar in der Höhle eines
Berges. Für seinen sichtbaren Repräsentanten halten sie die Sonne,
welche die Kinder zuweilen morgens bitten müssen, ihnen das Leben
zu erhalten. Auch bei den Schwarzfüssen der Felsengebirge wird
die Sonne als Gottheit verehrt.

Die Moquis sind der Ansicht, dass ihr heiliger Vater in der
Gegend des Sonnenaufganges wohne und ihnen alles Böse zuschicke;
von ihrer heiligen Mutter, welche in der entgegengesetzten Richtung
wohnt, erhalten sie alles Gute. Die Miskwallis halten Slokwalm, den
Mond, für ihre hauptsächlichste Göttin und die Sonne für den ältesten
Bruder derselben.

Die alten Eskimos beteten den Sillam Innuna, den Eigenthümer
der Winde, an und nannten die Wohnung der Todten das Haus
der Winde.

Der Hauptgott der Tupis in Brasilien heisst Tupa; er lehrte den
Ackerbau, brachte das Feuer und fliegt gegenwärtig als grosser Vogel
in der Luft herum, als welcher er sie bewacht und ihnen zur rechten
Zeit Regen schickt. Er redet zu ihnen durch das Rauschen seiner
Flügel und durch den Strahl seiner Augen, weshalb auch die dortigen
Priester in den ihm gewidmeten Ceremonien das Geräusch des Donners
nachahmen. Auch haben die Tupis einen Wassergeist, den sie Oiara
nennen und von dem sie glauben, dass er die Menschen in's Wasser
ziehe. [*]

Dem grossen Geiste der Dakotas, Wakantanka, wird nicht geopfert; auch wird er nur in Gegenwart der Blassgesichter erwähnt,
von denen auch jener Name stammt. In älteren Legenden findet

---

[*] Siehe „Notes on the Lingoa Geral" by Chas. Fred. Hartt. (Trans-
actions of the American Philological Association. 1872.)

man ihn nie erwähnt. Von ihrem Wakeyan oder Donnergotte, dem Todfeinde Unktahe's, wissen sie desto mehr zu erzählen. Er hat die Gestalt eines Vogels und wenn er fliegt, so blitzt und donnert es. Es giebt vier Arten dieser Gottheit, welche auf einem hohen Berge des äussersten Westens wohnen. Ihr Palast hat vier nach den vier Himmelsgegenden gerichtete Oeffnungen, an denen vier Wächter postirt sind, und zwar hält im Osten ein Schmetterling, im Westen ein Bär, im Norden ein Rennthier und im Süden ein Biber Wache.

Der Takuschkanschkan oder „der sich bewegende Gott" der Dakotas ist so feiner Natur, dass er mit den Sinnen nicht wahrgenommen werden kann. Er kann die Jäger ihres Scharfsinns berauben, so dass sie besinnungslos umher wandern, währenddem das Wild leicht entschlüpft. Er soll in den eratischen Blöcken wohnen, weshalb dieselben auch verehrt werden; ausserdem soll er sich in den vier Winden zeigen, welch letzterer Umstand auf seine wahre Natur wohl das beste Licht wirft.

Der Tunkan, Inyan oder Steingott der Dakotas wohnt in Felsen und wird für den ältesten aller Götter gehalten, deshalb nämlich, weil er der härteste ist. Ihr eigenthümlichster Gott, der überhaupt einzig in der gesammten Mythologie dasteht, heisst Hayoka oder der „unnatürliche Gott". Derselbe drückt seine Freude durch Klagen und sein Leid durch frohes Jauchzen aus; im Sommer hüllt er sich in die schwersten Pelze ein und im Winter kann er es der Hitze wegen kaum aushalten. Je grösser die Gefahr ist, in der er sich befindet, desto ruhiger und glücklicher ist er, währenddem er zur Zeit der Sicherheit und des Friedens fast vor Furcht und Aufregung vergeht. Bei den jenem Gotte zu Ehren abgehaltenen Festen tanzen die Indianer beinahe ganz nackend um einen grossen Kessel voll kochenden Fleisches, erfassen dann und wann ein Stück davon und verschlingen es auf der Stelle, wobei sie gewöhnlich thun, als sei es entsetzlich kalt.*)

Die Pomos nennen ihren Hauptgott issul, was auf deutsch Adler heisst. Auch der gute Geist von Black Island hatte, wie Black Hawk in seiner Autobiographie erzählt, Vogelgestalt; seine Flügel waren weiss und hundertmal grösser als die eines Schwanes.

Der Gott der Weissen ist den Indianern im Allgemeinen ebenso fremd wie der Teufel derselben, für den daher die Missionäre ebenfalls neue Namen bilden mussten, deren Bedeutung einfach „böser Geist" ist, so z. B. wakan-sica in der Dakota- und matschi-manito in der Chippewä-Sprache. Aber Götter oder Geister, welche ihre Macht auf eine durchaus unangenehme Weise fühlen lassen, giebt es bekanntlich in jeder Mythologie, ohne dass man ihnen gerade das Prädicat Teufel beilegt; gestraft hat bis jetzt noch der beste Gott und

---

*) Dr. Brinton hält ihn für einen Sturmgott; siehe darüber p. 68 „The Dacota Takoo-Wakan" von Riggs.

am meisten wohl der des Alten Testamentes, von dem jenes Buch bekanntlich viel schlimmere Dinge zu erzählen weiss als vom Teufel. Powers erzählt in dem bereits angeführten Werke, dass die Chillulas an einen monströsen Teufel glauben, der Hörner und Flügel habe und der die Luft mit fabelhafter Schnelligkeit durcheile; er soll die Kraft besitzen, einen Menschen in einem Augenblicke zerschmettern zu können, und wer ihn sieht, stirbt gewöhnlich auf der Stelle. Wie leicht ersichtlich, so haben wir hier einfach eine neue Gestalt des Gewittergottes vor uns. Die Patwins und Tatus in Californien haben ein Teufelsspiel, das sie in der Nacht aufführen und dessen alleiniger Zweck ist, sich grösseren Einfluss über die Frauen zu sichern.*)

Reichlich vertreten in der indianischen Mythologie sind die Sagen von der Entstehung der Erde, der Sintflut und der Erschaffung der Menschen. Nach den meisten derselben existirte im Anfange der Zeit nur der Ocean, welcher heute noch die Flüsse auffängt und Sonne und Mond in seinem Busen verbirgt. Er hielt auch die Erde in seinen Wellen verborgen und es bedurfte nur eines wunderbaren Ereignisses, um dieselbe an die Oberfläche zu bringen, wobei uns die nun schon so oft begegneten Vögel wieder eine Hauptrolle spielten. Nach den Muscogees flogen zwei Tauben so lange über dem endlosen Wasser umher, bis sie einen Grashalm herausblicken sahen; demselben folgten dann bald darnach die Inseln und später auch das Festland. Die Athapasken erzählen, dass sie von einem Raben abstammen, dessen Augen Feuer, dessen Blicke Blitze und dessen Flügelrauschen Donner war. Als er sich dem Wasser näherte, kam plötzlich die Erde hervor und blieb auch an der Oberfläche; darnach schuf er alle Thiere. Nach einer Legende der Quichez gab es früher nichts als den Himmel, den Ocean und die „Vogelschlange". Sobald jedoch mächtige Winde über das Wasser fuhren, kam die Erde hervor. Die Tinnehs glauben, dass ihr Donnervogel das Wasser auseinander gejagt habe, worauf die Erde trocken geworden sei. Die Thlinkihts halten ihren vogelähnlichen Gott Yehl, dessen Vater der Ocean war, für den Schöpfer des trocknen Festlandes und aller Thiere darauf. Nach einer anderen Sage verwandelte sich derselbe einst in einen Grashalm, ward alsdann von einer Jungfrau verschluckt und darnach als Knabe wieder neugeboren. Sein Grossvater, dessen Liebling er war, hatte Sonne, Mond und Sterne in drei grossen Kisten verpackt und der Kleine ruhte nicht eher, bis er Herr darüber war und die Gefangenen freigesetzt hatte.

Die Liwaitos erzählen, dass sich früher ein gewaltiger See über das Sacramentothal erstreckte, welcher jedoch, nachdem ein Erdbeben das sogenannte Goldene Thor geöffnet hatte, abfloss. Jenes Erdbeben aber hatte zugleich alle Menschen, mit Ausnahme eines einzigen, getödtet, welcher sich mit einer Krähe vermählte und so die Welt

---

*) Siehe „The Tribes of California".

wieder neu bevölkerte. Die Korusis, ebenfalls in Californien wohnend, sind der Ansicht, dass früher „die alte Schildkröte" auf dem Weltmeer umherschwamm und einen Klumpen Schlamm aus der Tiefe holte und die Erde daraus bildete. Die Nischinams sagen, dass von allen Dingen der Mond zuerst existirt und im Verein mit dem von den meisten californischen Stämmen mit besonderer Vorliebe betrachteten Prairiewolf alle Dinge geschaffen habe. Auch die Atschomawis schreiben die Erschaffung der Erde dem Prairiewolfe zu. Er kratzte sie nämlich mit seinen Klauen aus dem Nichts hervor.

Die Yokuts erzählen, dass im Urocean eine Stange steckte, auf der abwechselnd ein Habicht und eine Krähe sassen, die späterhin, um sich die Langeweile zu vertreiben, noch andere Vögel schufen. Eine kleine Ente holte die Erde aus der Tiefe. Wie Stephen Powers berichtet, so war es ein Wirbelwind, welcher nach der Sage der Mattoals in Californien die rauhe, chaotische Erde in bewohnbaren Zustand blies.

Die Irokesen glauben, dass sich die Erde blitzschnell aus dem Ocean erhob, um ihre vom Himmel fallende Stammmutter aufzunehmen. Bei den Takahlies, Osages und einigen Algonkinstämmen war es die Moschusratte, welche das Hervorholen des Festlandes besorgte.

Wie nun die Erde aus dem Wasser erstand, so wurde sie auch in späterer Zeit wieder von demselben verschlungen, denn man findet wenige Stämme ohne eine ausführliche Sintflutsage. Die Ueberlebenden retteten sich theils in Booten, theils in Höhlen und theils auf hohen Bergen oder Bäumen. Dabei treffen wir auch unsere Vögel wieder an. Wie Noah die Taube, so schickte Mitschabo den Raben aus, um nach trockenem Lande zu suchen. Auch bei den Athapasken, Natchez, Mandans und Tscherokesen sind es Vögel, welche zuerst das Land entdeckten. Die Tolowas haben folgende Flutsage:

„Es regnete einst so lange, bis alle Thäler voll Wasser standen und sich die Indianer, die damals sehr zahlreich waren, auf eine Anhöhe flüchten mussten. Doch das Wasser folgte ihnen auch dahin, und zwar so schnell, dass Alle mit der Ausnahme eines einzigen Paares ertranken. Dasselbe hatte noch zur rechten Zeit die höchste Bergspitze erreicht und sich dadurch gegen den Untergang geschützt. Beide lebten daselbst von Fischen, die sie durch die Wärme ihrer Achselhöhlen kochten, weil sie kein Feuer hatten und das Holz auch noch zu nass war. Von jenem Paare stammen nicht allein alle jetzigen Indianer, sondern auch alles Wild in Feld und Prairie ab, da sich die Seelen der Verstorbenen je nach Umständen in Bären, Hirsche, Schlangen u. s. w. verwandelten. Aber da sie kein Feuer hatten, so machten sie eines Tages Anstalten, solches vom Monde, auf dem es dem Anscheine nach im Ueberfluss existirte, zu holen. Die Spinnen-Indianer woben einen Luftballon und begaben sich auf ihre gefährliche Reise. An Ort und Stelle glücklich angekommen, fanden sie jedoch durchaus nicht die erwartete freundliche Aufnahme; denn, wie es schien, so ahnten die Mondindianer den wahren Zweck des fremden Besuches. Als aber die Spinnen erklärten, sie seien nur gekommen, um ein gemeinschaftliches Spielchen zu machen, waren jene hocherfreut und baten, indem sie sich an's Feuer setzten, doch ja gleich damit den Anfang zu machen. Während dieser Zeit kletterte nun ein Schlangenindianer an dem Seile, an welchem der Ballon auf der Erde festgehalten wurde, auf den Mond, stahl einen Feuerbrand und entkam unbemerkt damit. Die Spinnen hingegen waren erfolglos und wurden längere Zeit als Kriegsgefangene zurückbehalten. Als sie endlich freigegeben wurden und wieder in ihre Heimath zurückgekehrt waren, behandelte man sie daselbst durchaus nicht als Wohlthäter der Rasse, sondern verurtheilte sie zum Tode."

Die Schastikas, welche glauben, die Erde sei von einem Maulwurfe aufgewühlt worden, sagen, die Sintflut sei durch Thränen entstanden, welche sie einst wegen des Todes eines guten indianischen Jünglings geweint.

Die Mandans haben, wie Mathews mittheilt, in der Nähe von Fort Berthold auf einem freien Platze eine fassähnliche Hütte stehen, welche die Arche vorstellen soll, in der sich einstens der die Sintflut überlebende Indianer rettete. Dieselbe dient gegenwärtig zur Abhaltung ihres religiösen Geheimdienstes und wird darin auch die blutige, von Catlin in einem besonderen Werke ausführlich beschriebene Okenpa-Ceremonie vorgenommen. Die Sintflut der Mandans entstand dadurch, dass ein Indianer, als er einen Dachs ausgraben wollte, unglücklicherweise durch den Rücken der Schildkröte stach, auf welcher die Erde ruht.

Den Pimas zeigte ein Adler den Anbruch der Zerstörung an; demselben folgte lautes Donnern und dann kam die Sintflut.

Zahlreiche Stämme haben Berge, welche sie für ihren Ararat halten; so verehren z. B. die Mattoals den Taylors Peak, weil sich darauf die Ueberlebenden gerettet haben sollen, und die Indianer am Red River gehen nie an ihrer betreffenden Anhöhe vorüber, ohne darauf ein Zeichen der Hochachtung zu hinterlassen.

Werfen wir nun einige Blicke auf die Entstehung der Menschen nach den Ansichten der Indianer.

In vielen amerikanischen Aboriginalsprachen zeigt sich auf den ersten Blick eine nahe etymologische Verwandtschaft[*]) zwischen den Wörtern für „Erde" und „Mensch" und die Idee, dass der Mensch ein der Erde entsprungenes Geschöpf sei, kehrt in den meisten Sagen wieder. Der älteste Name für Alleghenies soll nach Lederer's und Bartram's Angabe „Ursprung der Indianer" bedeuten und der Name Oneida heisst „Volk der Steine". Die Witschitas sagen, ihre Vorväter stammten aus Felsen und die sechs Nationen sehen in einem Berge an den Fällen des Oswego-Flusses im Staate New-York die

---

*) Siehe Brinton's „Myths of the New World".

Stätte, wo ihre Vorfahren das Licht der Welt erblickten. Die Natchez erzählen, dass der Meister des Lebens die ersten Menschen aus Thon formte, und derselben Ansicht sind auch die Pomos, deren Name einfach „Erde" bedeutet.

Die Krähenfische, eine Abtheilung der Choctaws, haben eine Sage, nach der sie früher innerhalb der Erde wohnten. Als sie hervorgekrochen waren, gingen sie wie die Thiere auf Händen und Füssen, doch civilisirten sie die Choctaws bald und nahmen sie in ihren Stamm auf. Ein Theil jener Indianer soll jetzt noch unter der Erde wohnen. Aehnliches erzählen die Mandans, denen eine fette Frau die Weinrebe, welche das einzige Verbindungsmittel zwischen der Ober- und Unterwelt bildete, beim Hinausklettern zerriss.

Die Tezcucaner und Mexikaner geben vor, einem Feuersteine entsprungen zu sein. Gewisse Stämme der Aleuten haben einen Deukalion, der nicht allein Menschen, sondern auch Fische und Vögel aus Steinen zauberte. Die Steine, die er auf den Boden warf, wurden zu Menschen; diejenigen, welche beim Werfen in der Luft hängen blieben, verwandelten sich in Vögel und aus denen, die in's Wasser fielen, wurden Fische. Die Makahs am Cap Flattery sagen, ihr erster Mensch sei aus einem vom Himmel gefallenen Steine entstanden.

Anderen Stämmen hingegen macht es Vergnügen, ihren Ursprung von Thieren abzuleiten. Viele californische Indianer sehen den Prairiewolf für ihren Stammvater an; die Tinnehs und einige Aleuten erkennen den Hund für den ihrigen an und die Lenni-Lenapes wollen von einem Wolfe aus der Erde gekratzt worden sein.

Die Toukaways in Texas feiern nach einer Mittheilung Schoolcrafts ihr Entstehungsfest dadurch, dass einer von ihnen nackend in die Erde gegraben und dann von seinen in Wolfsfelle gehüllten Kameraden mit den Nägeln herausgewühlt wird.

Die Ahts von Vancouver Island sind Nachkommen des merkwürdigen Gottes Quawteaht, welcher mit dem Donnervogel Tututsch verheirathet war. Die Hidatsas lassen sogar auch die Büffel aus Steinen entstehen und zwar aus denjenigen, welche während einer grossen Hungersnoth auf Befehl des „Grossen Geistes" in die Prairie gesäet wurden.

Zwillinge scheinen bei einigen Stämmen nicht zu den angenehmen Ueberraschungen gezählt zu werden; die alten Peruaner hielten sie, wie Pater Arriaya in seinem nun so ausserordentlich seltenen Werke über den Aberglauben Perus schreibt, für Kinder des Blitzes; die Makahs und andere westliche Stämme sagen, sie seien von bösen Geistern bewohnt, und schaffen sie daher so schnell wie möglich aus dem Wege.

Die Makadistatis erzählen vom „Haus der Kinder", einer Höhle am Knife River, dass sie von geheimnissvollen Zwergen oder Kindern bewohnt sei, welche sich nur zur Nachtzeit aus derselben wagten und jedem Umgang mit Menschen vorsichtig auswichen. Die kinderlose Frau, die sich nach einem Sprössling sehnt, legt gewöhnlich beim Sonnenuntergange einen Ball oder Pfeil vor den Eingang der Höhle; fehlt derselbe am nächsten Morgen, so wird sie innerhalb eines Jahres Mutter.

Die Ouichez sagen, der erste Mensch sei aus Thon geformt gewesen; da er sich jedoch nicht bewegen konnte und immer nach einer Richtung blickte und ausserdem auch sehr zerbrechlich war, so ward er als unbrauchbar in's Wasser geworfen. Darnach wurden Menschen aus Holz geschaffen, die aber kein Blut hatten und ausserdem wie die Thiere lebten. Dieselben wurden mit Ausnahme Einiger durch die Sintflut getödtet; jene leben nun als Affen in den Wäldern. Der Körper der später geschaffenen Menschen bestand aus Mais; aber sie waren sonst so vollkommen, dass sich sogar die Götter vor ihnen fürchteten und sie deshalb der Schärfe ihres Augenlichtes benahmen.

Der Glaube an die Existenz und Fortdauer der Seele ist unter den Eingeborenen Amerikas ebenso allgemein wie der Glaube an Götter. Mehrere Stämme glauben sogar an eine Pluralität der Seelen; so haben die Algonkins und Irokesen zwei, von denen die eine beim Körper bleibt und die andere nach dem Lande der Geister wandert. Von den vier Seelen der Dakotas haben wir bereits eingangs gesprochen. Die Caraiben von Martinique halten jede Stelle, wo der Puls wahrzunehmen ist, für den Sitz einer Seele. Die Kailtas in Californien sagen, nach dem Tode werde die Seele von einem Vogel in das Land der Geister getragen; die Creeks glauben, ihre Seelen gingen an den Platz, wo die Sonne untergeht; die Makahs, welche die Fische, Vögel und Bäume für frühere Indianer halten, die sich während ihres Lebens schlecht aufgeführt haben, gehen nach dem Tode in die Erde zurück, aus der sie ursprünglich kamen. Die Moquis, d. h. die Seelen derselben, verwandeln sich in Thiere, Pflanzen u. s. w. und die Apatschen schicken die Seelen schlechter Individuen in Klapperschlangen. Die Choctaws müssen nach dem Tode auf einem glatten Fichtenstamme über einen Fluss wandern, wobei sie beständig mit Steinen beworfen werden; die guten Seelen landen glücklich am jenseitigen Ufer und gehen in das herrliche Land ohne Wolken, Nacht und dürre Bäume zur ewigen Freude ein; die bösen hingegen fallen, wenn sie den Steinen ausweichen wollen, von der glatten Fichte in den Fluss voll stinkender Fische und todter Kröten; dort sehen sie nie die Sonne und werden beständig von Hungersnoth und allen erdenklichen Krankheiten heimgesucht.

Einige Huronen fliegen nach dem Jenseits in Taubengestalt; andere hingegen reisen zu Fuss und nehmen die Geister ihrer Biberhäute, Bogen, Wampumgürtel u. s. w. mit. Die Navajos lassen die Seele vier Tage lang durch wüste Sümpfe wandern, ehe sie die Leiter findet, welche in die Tiefe der Erde zur Heimath der auf- und niedergehenden Sonne führt. Dort ist alles in Hülle und Fülle vorhanden, denn jedes Samenkorn, welches in der Oberwelt nicht aufging, fasst dort unten Wurzel und blüht und gedeiht. Bei den Eskimos bleibt nach Egede's Mittheilung die Seele vier Tage im Körper und geht alsdann entweder in das Land unter der Erde, oder tanzt im Nordlichte. Die Seelen der Thuroks müssen ebenfalls auf einem fettigen, über einen Abgrund gelegten Baumstamme den Weg zum Paradiese antreten und damit die Seele ja nicht den Weg verfehle, unterhalten sie mehrere Tage lang ein grosses Feuer in der Nähe der Leiche. Die bösen Seelen sollen späterhin als Hasen, Vögel, Eichhörnchen oder sonstige Thiere zurückkehren.

Die Nischinams nennen ihr Paradies das „Tanzhaus der Götter". Die Seelen der Sonora-Indianer wohnen auf Klippen und in Höhlen, deren Echo ihre Stimme ist. Die Komantschen eilen nach einer glücklichen Prairie voll unzähliger Büffel; Nachts dürfen sie die Erde besuchen, aber vor Tagesanbruch müssen sie wieder in ihrem Paradiese sein.

Die Mattoals weisen den guten Seelen eine Heimath im südlichen Ocean an und lassen die bösen zu Grieselbären werden. Auch die Pomos verlegen ihr Paradies in den Süden; dasselbe kann nur mittelst einer Leiter erreicht werden, von der die bösen Seelen jedoch herabstürzen, um dann als Grieselbären oder Klapperschlangen eine traurige Existenz zu führen.

Sobald ein Aschotschimi gestorben ist, wird sein Körper verbrannt und die Asche in die Luft geworfen, damit die Seele nach der Grotte von Punta de los Reyes fliegen kann. In jener Grotte brennt ein ewiges Feuer, das jede Seele eine Zeitlang umschwirren muss, ehe sie die Reise nach dem Paradiese antreten darf. Auch die Kabinapeks glauben, dass die Seele nur durch die Verbrennung des Körpers frei werden könne.

Da mehrere Stämme der Ansicht sind, dass die Seele in den Knochen wohne oder nach unbestimmter Zeit in dieselben zurückkehre, so werden jene Ueberreste der Verstorbenen mit grosser Sorgfalt aufbewahrt. Nach einer aztekischen, von Torquemada aufgezeichneten Legende musste einst der Gott Xolotl in die Unterwelt gehen und die Knochen eines Todten holen, da man das durch die Sintflut ausgestorbene Menschengeschlecht wieder in's Leben rufen wollte. Jene Knochen wurden mit Blut bespritzt und am vierten Tage standen sie als schmucker Jüngling auf, welcher der Stammvater der gegenwärtigen Rasse wurde.

Gewisse Stämme legen den Todten Waffen, Speisen, Messer und Feuersteine in's Grab, um sie auf der Reise nach dem Jenseits zu gebrauchen.

Doch nicht allein die Menschen, sondern auch einige Thiere haben Seelen und müssen demgemäss behandelt werden. Der Thlinkit tödtet nur dann einen Bären, wenn er durch denselben in die grösste Lebensgefahr gebracht worden ist, weil er glaubt, derselbe sei von einer menschlichen Seele bewohnt. Frau Eastman erzählt von den Dakotas, dass sie es als ein böses Omen betrachten, wenn ein Hund an den Knochen eines erlegten Thieres nage; denn die Seele desselben kehre alsdann nicht mehr zurück und jene Thiergattung würde aussterben. Im fernen Westen haben häufig Jäger viele im Kreise aufgestellte Büffelschädel gesehen, welche nach der Ansicht der Indianer die Seelen jener Thiere enthielten. Die Algonkins schrieben früher sogar dem Fischnetze eine Seele zu und beteten es deshalb an. Lalemant schreibt in seiner „Relation des Hurons" (1639), dass das Netz jedes Jahr mit zwei Jungfrauen vermählt wurde, damit es Fische anziehe.

Wie wir bereits an zahlreichen Beispielen gesehen haben, so hat die indianische Mythologie den Thieren eine grössere Berücksichtigung angedeihen lassen als irgend eine andere. Nach Sahagun's ausführlichem Berichte hatten die alten Mexikaner sogar ihre professionellen Auguren, die das nächtliche Geheul der wilden Thiere, den Gesang gewisser Vögel, das Geschrei der Eule und die Bewegungen der Frösche, Würmer u. s. w. zu deuten wussten.

Die Aschotschimi's in Californien verehren die Eule und den Habicht, weil sie dieselben für böse Geister halten, die versöhnt werden müssen. Die Konkau-Indianer halten die weisse Gans für heilig und die Mattoals verehren Frösche und weisse Mäuse.

In den californischen Legenden ist es hauptsächlich der Prairiewolf, der als Prophet und Abgesandter des „Grossen Geistes" auftritt. Bei jeder wichtigen Entdeckung ist er betheiligt und alles Unerklärliche verdankt ihm seine Existenz. Sogar die Fische im Clear Lake stammen von ihm ab. Er hatte nämlich einst so viele Heuschrecken verzehrt, dass er vor lauter Durst jenen See leer trank. Als er darauf in tiefen Schlaf versank, durchstach ihn ein Indianer mit seinem Speere, wonach das Wasser aus ihm wieder in den See zurücklief und sich die verschluckten Heuschrecken in Fische verwandelten.

Auch der Ursprung der körperlichen Eigenthümlichkeiten und der Wildheit der Thiere findet in zahlreichen Sagen ihre Erklärung. Ebenso haben auch merkwürdig gestaltete Berge, Schluchten und Bäume die indianische Phantasie belebt und zu den abenteuerlichsten Märchen Veranlassung gegeben.

Der Indianer ist ein geborener Spiritualist, der überall, wo ihn seine geringen Kenntnisse im Stiche lassen, die Hand irgend eines Geistes erblickt.

Nirgends finden wir daher auch den sogenannten „Grossen Geist" als den Mittelpunkt ihrer religiösen Gebräuche, sondern derselbe wird sogar auffallend wenig erwähnt und selten durch besondere Festlichkeiten und Opfer verehrt.

Fast ein jeder Indianer hat seinen speciellen Schutzgeist, der ihm durch Träume in der Jugend zugewiesen wird und der entweder in einem Thiere oder leblosen Gegenstande besteht, dessen charakteristisches Abzeichen er in seinem Medicinsack nachträgt. Wie der gute Katholik stets ein Crucifix bei sich hat, so trägt der fromme Indianer dies Amulet stets bei sich und erweist ihm besonders zur Zeit des Glücks die höchste Ehre; geht es ihm jedoch schlecht, so behandelt er seinen Medicinsack ebenso rücksichtslos, wie der Italiener sein Heiligenbild.

Die indianischen Priester, gewöhnlich Medicinmänner genannt, sind, was die Priester zu allen Zeiten und bei allen Nationen waren: Leiter der blinden, ungebildeten Masse, auf deren Unkosten sie ein behagliches Leben führen. Sie geben vor, Agenten und Dolmetscher des grossen Geistes zu sein und ihr Einfluss hängt wie überall von ihrer individuellen Schlauheit und Verschmitztheit ab.

Sie behaupten, alle Fragen beantworten, alle Krankheiten heilen, Regen und Wild herbeicitiren und irgend Jemanden aus der Ferne unschädlich machen zu können. Den Geist der Krankheit suchen sie durch Singen und Klappern zu verscheuchen, und wenn das nicht hilft, so saugen sie ihn mit dem Munde aus dem Körper. Sie sind in allerlei Taschenspielerkünsten wohl bewandert und die Allotria, die sie in der sogenannten Medicinhütte treiben, grenzen an's Fabelhafte. Mitunter lassen sie sich Arme und Beine mit starken Stricken zusammenbinden und in jene aus sechs bis acht fest in die Erde gerammten und mit Birkenrinde oder Tüchern ringsum behangenen Pfähle bestehende Hütte legen; aber kaum sind sie darin allein, da geht auch schon das Trommeln und Singen los und nach einigen Minuten treten sie ohne jede Fessel hervor. Während des Singens ist die Hütte in beständiger Bewegung, und zwar bewegt sie sich mitunter so stark, dass man befürchten muss, die Pfähle würden am Boden abbrechen.*) Die meisten Missionäre schreiben diese wahrhaft erstaunliche Manifestation der Mitwirkung des Teufels zu. Die Lieder, welche sie dabei singen, sind den Zuhörern unverständlich, ohne dass man gerade deshalb an eine besondere Geheimsprache zu denken braucht. Die Medicinmänner sind gewöhnlich weniger geachtet als gefürchtet; denn sie verstehen es prächtig, allerlei Fabeln über ihre Zauberkünste in Umlauf zu setzen und die Leute dadurch zu tyrannisiren. Die zu einem solchen Amte berechtigende Kenntniss der Gesänge, Tänze und sonstiger Formalitäten wird den betreffenden Individuen von dem grossen Geiste durch Träume, auf die der Indianer überhaupt einen grossen Werth legt, mitgetheilt; hin und wieder giebt es auch Stämme, bei denen jene Würde erblich ist.

Nach dem bisher Gesagten ist hinlänglich klar, dass die Religion der Eingeborenen Amerikas ganz und gar das Originalprodukt ihrer Phantasie ist und dass sie mit der anderer Nationen nur diejenigen

---

*) Siehe den Artikel „Eine Ferienreise am Lake Superior" in meinen „Amerikanischen Skizzen". Halle 1876.

Bedingungen gemein hat, ohne die überhaupt eine jede Mythologie undenkbar ist. Der Indianer im Ganzen genommen ist fabelhaft leichtgläubig und bezweifelt schon aus dem Grunde nichts, weil ernstes Nachdenken und gründliches Untersuchen durchaus nicht seine Sache ist. Was er nicht versteht, erklärt er sich einfach mit einem Wunder und ist dann vollkommen zufrieden. Er ist mit seinem Glauben übrigens die personificirte Toleranz, und nichts liegt ihm ferner als die Sucht, denselben Anderen durch Ueberredung aufzudrängen oder ihn wohl gar durch Missionäre verbreiten zu lassen. Der Gott eines Stammes, sagt er, kann nicht zugleich Gott eines anderen Stammes sein — ein Grundsatz, welcher den christlichen Missionären stets die grössten Schwierigkeiten bereitet. Seinen Göttern opfert er lediglich aus Speculation, da er im Allgemeinen mehr Furcht vor ihnen, als Liebe zu ihnen hat. Nimmt er das Christenthum an, so thut er es, weil er das Kreuz für ein mächtigeres Amulet als den Medicinsack hält. Die fabelhaften Erzählungen der Bibel schätzt er nicht höher, als die Märchen seines Stammes, und diejenigen Philanthropen, welche da glaubten, ihn lediglich mittelst der christlichen Religion civilisiren zu wollen, haben sich einer gewaltigen Täuschung hingegeben.

Die Civilisation der nordamerikanischen Indianer.

Schiller lässt in seinem „Eleusischen Fest", das er ursprünglich „Bürgerlied" überschrieb, weil es den in ein mythisches Gewand gekleideten Ursprung der Civilisation schildert, die Göttin Ceres die aus Troglodyten, Jägern und Hirten bestehenden Bewohner der Erde besuchen, um sie in die Kunst des Ackerbaues und der Gewerbe einzuweihen und um somit den Grund zu einem geordneten Staatswesen zu legen. Damit deutete der Dichter den allein richtigen Uebergang von der Barbarei zur Civilisation an: Ackerbau, individuelles Eigenthum, Handwerke, Künste, staatliche Ordnung und gesetzliche Gerechtigkeit. Es ist dies allerdings ein langsamer, mühseliger und an Enttäuschungen reicher Uebergang; denn in der Wirklichkeit geht ein derartiger Process nicht so leicht von statten, wie in der Poesie; in letzterer kann man, wie Schiller, den wunderwirkenden Göttern die Hauptarbeit übertragen, in ersterer aber hat man mit den nackten Thatsachen und Verhältnissen zu rechnen und muss jeder Hoffnung auf eine aussermenschliche Regelung der Conflicte Valet sagen.

Die Civilisation ist eine stufenmässige, geistige wie körperliche Acclimatisation; sie ist eine Wiederherstellung des Gleichgewichtes zwischen einem Volke und seiner durch äussere Verhältnisse veränderten Umgebung und daher mehr einem äusseren als einem inneren Drucke zuzuschreiben. Buckle nennt sie daher auch „den Triumph des Geistes über äussere Einwirkungen"; da aber letztere niemals stabil sind, so gehört zur Civilisation nothwendig ein beständiger Fortschritt, weshalb sie auch nie als abgeschlossen betrachtet werden kann. Jede neue Erfindung, die gemacht wird, jede neue Stadt, die gebaut wird, jede Eisenbahn, die durch abgelegene Gegenden führt, jeder Telegraphendraht, der entfernte Länder verbindet, ändert das Gebiet körperlicher und geistiger Thätigkeit und giebt neue, mächtige Impulse, welche die Menschen in andere Verhältnisse zu einander bringen und sie zwingen, denselben Rechnung zu tragen.

Die fortschreitende Civilisation zieht natürlich auch Moral und Religion in ihren Kreis und ändert beide; denn sie sind ja nur der

relative Ausdruck der sittlichen Anschauungen einzelner Völker und
Zeiten. Hält man Religion, wie dies leider bei den Buchstabenhelden
stets geschehen ist und noch auf den heutigen Tag geschieht, für
das absolute Urwahre, nach dem sich die Menschheit auf immer zu
richten hat, und befestigt und schützt man diese Ansicht durch staatliche Gesetze, so wird man ausfinden, dass sie bald in schroffem Gegen-
satze zum Zeitbewusstsein steht und folglich jeder fortschrittlichen Bewegung hindernd in den Weg tritt. So stellt auch die Religion der
Barbaren ihren eigenen Moralcodex auf, der für heilig und unantastbar
gehalten wird; ob die Vorschriften desselben den anderer Nationen
schnurstracks zuwiderlaufen, ändert an ihrer relativen Bedeutung nichts;
wer also jene Barbaren civilisiren will, muss sich mit ihren Anschauungen
auseinandersetzen und sie durch friedliche, zweckentsprechende Einwirkungen zu beseitigen suchen. Ob nun die Religion, wie sie gewöhnlich wilden Völkern gebracht wird, als wesentliches Mittel zur
Beschleunigung ihrer Civilisation dient, ist eine Frage, deren Be-
antwortung wir dahingestellt lassen wollen; in den meisten Fällen ist
sie sicherlich nichts Anderes, als eine neue Form alten Aberglaubens.
Sicher ist, dass wilde Völker beim Uebergang zur Civilisation, sei
derselbe nun ein freiwilliger oder ein durch Verhältnisse bedingter,
ihre heidnische Religion aufgeben müssen.

Dass die Civilisation neue und zahlreiche Uebel im Gefolge führt,
ist sicherlich nicht zu leugnen; dass sie aber selbst ein Uebel sei,
wird wohl Niemand ernstlich behaupten wollen. Wenn nun Emerson
diejenigen Völker, welche keine Kleider, kein Eisen, kein Alphabet,
keine Ehe, keine Künste des Friedens und keine abstracten Gedanken
haben, Barbaren nennt, so folgt daraus, dass man ihnen alles dieses
und noch Manches dazu bringen muss, um sie der Reihe civilisirter
Nationen einzuverleiben.

Um dies nun wirksam thun zu können, ist als unablässliche Vor-
bedingung nöthig, dass man sich ganz genau mit dem Charakter,
der Lebensweise und den sittlichen Anschauungen der betreffenden
Urvölker vertraut macht, damit man die Stellen herausfindet, an die
man den Hebel der Civilisation ansetzen kann. Wenn ein gebildetes
Volk ein barbarisches erobert und dessen Land in Besitz nimmt, weil
es sein Interesse erheischt, so ist ihm die Alternative gestellt, jene
Nation langsam oder schnell entweder durch Abschneidung der Lebens-
mittel oder durch Pulver und Blei auszurotten, also einen weiteren
Gebrauch vom Faustrechte nach dem Principe der Selbsterhaltung zu
machen; oder es muss — und dies ist unter den obwaltenden Umständen das edelste Verfahren — ernstliche und beharrliche Versuche
machen, das eroberte Urvolk auf den intellectuellen Standpunkt der
Eroberer zu stellen. Ersteres Verfahren ist natürlich eben so einfach
wie brutal und ist daher bis jetzt in derartigen Fällen bei der Besitz-
nahme und Besiedlung einiger südamerikanischer Staaten, indisch-
asiatischer Provinzen u. s. w. meistens zur Anwendung gekommen,

und zwar niemals zur besonderen Ehre der civilisirt sein wollenden Eroberer. Letzteres Prinzip, das allein vor dem Forum humaner Anforderungen bestehen kann, ist leider das am wenigsten cultivirte; denn die damit verknüpften Arbeiten sind grösstentheils so schwierig und lassen nicht sogleich befriedigende Resultate sehen, dass man sich nicht besonders damit quälte und die Sache ihrem naturgemässen, traurigen Verlauf überliess.

Man muss gestehen, dass man mit Ausnahme einiger vereinzelter Fälle in Amerika das Princip der Ausrottung der Urvölker zur Anwendung brachte; dasselbe entsprach ja auch dem Charakter der herzlosen Einwanderer am meisten. Wo der Indianer, dessen Civilisationsfähigkeit wir hier besprechen wollen, der Ausbreitung der eindringenden Weissen im Wege stand, musste er einfach weichen, und that er dies nicht gutwillig, nun, so gab es Mittel und Wege genug, doch in schneller Zeit zum Ziele zu gelangen.

Die Grenzer und Pioniere, die in moralischer Beziehung doch tief unter den Indianern standen und von denen keiner ohne genügenden Grund seine Heimath mit dem unwirthlichen, aber von der Polizei unberührten Urwalde vertauscht hatte, schildern fast einstimmig jene Völker als unbezähmbare, wilde, grausame und blutdürstige Thiere, deren Vertilgung so nützlich und nothwendig sei, wie das Tödten der Klapperschlangen. Sie sahen eben den Splitter, ohne ihres Balkens gewahr geworden zu sein; denn wären die von ihnen an den Indianern begangenen Scheusslichkeiten eben so umständlich und mit weniger grellen Farben, aber dafür mit grösserer Wahrheitstreue beschrieben worden, wahrlich, es wäre keine Frage, wer damals die eigentlichen Barbaren waren. Dass die Ansicht der alten Pioniere noch jetzt nicht veraltet ist, zeigt erstens der Ausspruch des General Sherman, dass der einzige gute Indianer ein todter sei, und zweitens die Aufführung der Bundesarmee bei verschiedenen Gelegenheiten. Etwas romantisch angehauchte Reisende und Gelehrte wissen hingegen jenen Stämmen nicht genug Gastfreundschaft, Zuvorkommenheit und Edelmuth nachzurühmen; so hat jeder Stamm seinen Lobredner gefunden; Colden lobt die Irokesen, Heckewalder die Delawaren, Drake die Shawnees, Adair die Tscherokesen, Bartram die Creeks und Seminolen, Du Pratz die Natchez, Pickett die Tschickasaws, Catlin die Mandans, Hunter die Osages und Frau Carrington die Crows. Man verfiel auf beiden Seiten in's Extrem und zwar deshalb, weil man den eigenthümlichen Charakter des Indianers, wie er durch seine von der unsrigen so grundverschiedenen Lebensweise bedingt ist, nicht vorurtheilsfrei untersuchte.

Man sagt dem Indianer nach, er sei faul, weil er an der Arbeit der Weissen keinen Geschmack findet. Es ist wahr, er arbeitet allerdings nicht so viel wie wir und dankt innerlich seinem Schöpfer dafür, dass er es nicht braucht. Weshalb aber arbeiten wir so viel? Einfach, weil wir unersättliche Bedürfnisse haben. Der Indianer hingegen ist genügsam und einfach; die Kleider, die er für sich und seine Familie

braucht, liefert ihm der Hirsch; das Material für seine Wohnung findet
er überall, der Mais wächst von selber, nachdem er gepflanzt ist, und
so lange im Wald und auf der Prairie Wild und im Flusse Fische
genug sind, ist er einer der Glücklichsten unter den Sterblichen.
Reichthümer braucht er keine; sein Wigwam, der ihn gegen Wind
und Wetter schützt, ist ihm lieber als ein Palast, und sein König-
reich erstreckt sich über das ganze Land, das vom Fusse des Weissen
noch unverschont ist. Geschieht ihm ein Unrecht, so ist er meistens
Richter und Urtheilsvollstrecker zugleich. Die Bildung und Fertigkeiten, deren er für seine Existenz benöthigt ist, hat er sich schon
in der zartesten Kindheit spielend angeeignet; eine Staatsanstellung
sucht und braucht er nicht; auch hat er vorläufig keine Lust, Lehrling
irgend eines Handwerks zu werden. Theater und Concerte braucht
er nicht; letzteres liefern ihm die Vögel gratis und ersteres spielt er
sich selber, wenn es sein muss. Faul soll er sein? Es ist wahr,
dem dolce far niente huldigt nicht allein der sonnige Süden, sondern
der grösste Theil des Menschengeschlechtes. „Fleiss und Arbeit will
ich lieben" singen die deutschen Schulkinder aber nur auf Commando
ihres Lehrers, und das alte Sprichwort:

> „Wenn der Bauer nicht muss,
> Rührt er weder Hand noch Fuss"

ist wahrhaftig auch nicht aus der Luft gegriffen.

Der Indianer ist nicht faul; was er aber thut, muss nach seinem
Geschmack sein. Weiss er, dass Büffel in der Umgegend sind, so
wandert er wochenlang Tag und Nacht hungernd und durstend durch
die unwirthlichsten Gegenden und überwindet die grössten Schwierigkeiten, die sich ihm in den Weg stellen; braucht er ein Canoe, so
höhlt er sich entweder mit einem unvollkommenen Werkzeuge einen
Baumstamm aus, oder er setzt sich eins aus Birkenrinde zusammen,
dabei stets mit einer Ausdauer arbeitend, die alle Achtung verdient.
Nein, faul ist der Indianer nicht. Man sagt ihm ferner nach, dass,
wenn er sich auf der Reise befindet, so müsse seine Frau die Kinder
und das Hausgeräthe tragen, während er ihr ruhig mit Pfeil und
Bogen zur Seite gehe; dies sieht nach amerikanischen Begriffen, nach
welchen der Mann stets der alleinige Packesel ist und die Frau den
ganzen Tag im Schaukelstuhle sitzen muss, allerdings anstössig aus;
aber was hat denn eine indianische Squaw überhaupt zu thun? Ihre
Kocherei ist mehr als einfach; ob ihre Kinder Morgens und Abends
gewaschen, oder ob sie überhaupt gewaschen werden, ist von keiner
Bedeutung; sie wachsen doch. Die Frage, wie sie anzuziehen sind,
lässt sie sich von keinem Modejournal beantworten, sondern sie hängt
ihnen einfach ein Fell oder ein paar Lappen um, wie sie ihr der Zu-
fall in die Hand spielt. Sie holt das Holz zum Feuern, aber dies
findet sie gleich vor dem Wigwam; sie holt auch Wasser, doch
dies ist ebenfalls in unmittelbarer Nähe. Immerhin ist ihr Leben im

Vergleiche mit dem einer deutschen Bürgers- oder Bauersfrau nur
Faulenzerei.

Man sagt fernerhin, der Indianer sei grausam. Es ist wahr,
er hat hin und wieder einen zelotischen Missionär scalpirt oder verbrannt; aber was will dies heissen gegen die Tausende, ja Hundert-
tausende, die man in dem christlichen Europa im Interesse der Religion hinschlachtete, die doch lehrt, auch die Feinde zu lieben?
Man sagt dem Indianer ferner nach und zwar mit Recht, er ver-
schone im Kriege weder Alter noch Geschlecht; aber wird er von
seinen Feinden, besonders von den amerikanischen Bundestruppen,
die ja bekanntlich aus der Hefe der Menschheit bestehen, etwa
besser behandelt? Wenn wir lesen, dass jene traurigen Söld-
linge ein indianisches Lager überfallen und vernichtet haben, was
meint dies anders, als dass sämmtliche Insassen, Weiber, Kinder und
Greise, entweder durch ihre Kugeln fielen oder auf der Spitze des
Bajonettes das Leben aushauchten?

Dass der Indianer mitunter seine Gefangenen grausamen Qualen unterwirft, ist eine vielfach bestätigte historische Thatsache;
aber die Leute, die ihn deshalb verdammen, sollten einmal jene Erzählungen mit den Martern der christlichen Inquisition und anderen
Schandthaten vergleichen und sie würden mit ihrem Verdammungs-
urtheile etwas weniger voreilig sein. Feinde zu quälen ist eine her-
kömmliche Kriegspraxis der Rothhäute, die daher auch meisterhaft
gelernt haben, die erdenklichsten Qualen ruhig zu ertragen.

Man darf überhaupt bei der Betrachtung des Charakters der
Indianer nie vergessen, mit welchem Abschaum der weissen Gesellschaft sie anfänglich zusammenkamen und theilweise heute noch in
Berührung kommen. Die Behandlung der fünf Nationen durch die
Franzosen war sicherlich nichts weniger als human, und das Auftreten der Engländer gegen die Pequots und Narragansetts war
auch nicht derart, dass sie stolz darauf sein können. Heimtückische
und verschmitzte Schufte wurden die Rothhäute erst grösstentheils
durch den Umgang mit Weissen; die ersten weissen Ankömmlinge
wurden sicherlich freundlich und zuvorkommend behandelt und wären
verhungert, hätten sie die Indianer nicht unterstützt. Darin stimmen
alle Schriftsteller ziemlich überein, dass derjenige, der ihnen liebevoll und aufrichtig entgegenkommt, zahlreiche empfehlende Eigenschaften bei ihnen findet, die er sonst vergeblich sucht; wer sie
wirklich ehrlich behandelt, kann auf dauernde und aufopfernde
Freundschaft rechnen, wozu z. B. die Geschichte der Quäker den
überzeugendsten Beleg liefert. Die französischen Schriftsteller des
17. und 18. Jahrhunderts wissen ihrem Charakter nicht genug des
Lobes zu zollen. Der Jesuit Lafitau schreibt in seinem Werke
„Moeurs des Sauvages Américains": Die Indianer besitzen ein
sicheres Urtheil, eine schnelle Auffassungsgabe und ein wunderbares
Gedächtniss. Sie behandeln sich gegenseitig höflich und aufmerksam

und halten das Alter in Ehren. Gegen Fremde und Unglückliche sind sie gastfrei und in einer Weise zum Helfen bereit, welche die Bewohner Europa's beschämt."

Pater Le Jeune, ein anderer berühmter Missionär der Jesuiten schreibt: „Ich vergleiche die Indianer mit unseren Dorfbewohnern, die ohne Unterricht aufgewachsen sind. Ich habe noch nie eine Person, welche aus Frankreich nach diesem Lande gekommen ist, gesehen, die nicht sagt, dass die Wilden mehr Intelligenz besitzen, als unsere meisten Dorfbewohner."

Jerome Lallemant schreibt: „Ich gebe zu, dass ihre Gewohnheiten und Gebräuche in tausendfacher Hinsicht barbarisch sind; aber in Dingen, welche sie für Unrecht erklären und welche das öffentliche Urtheil verdammt, sind sie nicht mehr Verbrecher als die Franzosen, obgleich hier die einzige Strafe für ein Unrecht nur in der Schande, es begangen zu haben, besteht."

Pater Vivier sagt: „Die Indianer sind milden und gesellingen Charakters; auch scheinen sie intelligenter als die französischen Bauern zu sein."

Fernerhin bemerkt der erwähnte Lafitau sehr richtig, dass die Indianer durch Nachahmung der Laster weisser Einwanderer mehr verloren, als sie durch Annahme der Künste und Fertigkeiten gewannen, die zu ihrem Comfort beitragen sollten. Ein mir bekannter Indianermissionär sah mit grosser Strenge darauf, dass seine Schutzbefohlenen kein Wort englisch lernten, so dass sie also mit den Pionieren an der Grenze keinen Umgang pflegen konnten, wodurch sie vor einer unheilvollen Demoralisation bewahrt blieben.

Man hielt die Indianer lange Zeit für uncivilisirbar und gab sich deshalb auch nie rechte Mühe, sie für die Civilisation zu gewinnen; ausserdem fehlten früher auch die Mittel und die Leute dazu. Frankreich überliess in seinen amerikanischen Colonien die Civilisirung der Eingeborenen den Jesuiten, also Leuten, die sich niemals als Freunde des Fortschrittes und der Aufklärung bewährt haben. Sie tauften die armen Rothhäute massenweise und brachten ihnen einige Ceremonien und Redensarten bei, die für sie auch nicht die allergeringste Bedeutung hatten. Ceremonielle Frömmigkeit und Civilisation stehen jedoch in keinem Causalnexus zu einander. Man wollte vor allen Dingen äusserlich Christen aus ihnen machen und vergass, dass es viel nöthiger war, erst einmal für Mittel und Wege zu sorgen, damit sie unter den veränderten Lebensverhältnissen existiren konnten. Die Anforderungen des Bauches sind bei Naturmenschen stärker und erheischen eine vorsichtigere Befriedigung, als die des Herzens.

Die Indianer hatten einen ungeschriebenen Moralcodex und wenn derselbe auch grundverschieden von dem unsrigen war, so war er doch massgebend für sie; sie hatten ihre Religion und wenn wir dieselbe auch heidnisch nennen, so wurde sie doch von ihnen

in hohen Ehren gehalten und ihre Propheten hatten vor den christlichen Missionären wenigstens das voraus, dass sie der ausgedehntesten Toleranz huldigten und 'andere Stämme einer verschiedenen
Religionsform wegen nicht verketzerten, noch mit Mord und Brand
überzogen; letzteres sind Dinge, die hauptsächlich dem Christenthum
eigen sind, wodurch jedoch nicht gesagt sein soll, dass sie ihm zur
Ehre gereichen.

Der Indianer lauscht den Erzählungen der Missionäre mit be-
wunderungswürdiger Geduld, legt denselben aber nicht mehr Werth
bei, als den Wundergeschichten, wie sie zur Zeit der Winterstürme
in seinem Wigwam erzählt werden. Wenn ihm das fromme Blassgesicht von seinem alttestamentlichen Jehova vordemonstrirt und dabei der blutdürstigen Befehle gedenkt, die zum Besten des aus-
erwählten Volkes gegeben wurden, dann kann man wahrlich von dem
Wilden nicht erwarten, dass er von dem gestrengen jüdischen Gotte
eine höhere Meinung hegt, als vor dem Kriegsgotte seines Stammes;
die Doctrin von der Erbsünde kommt ihm zum wenigsten ungerecht
vor und bei dem Dogma von der unbefleckten Empfängniss steht
ihm sein bischen Verstand vollends still. Das ewige Streiten der
verschiedenen Confessionen angehörenden Missionäre unter einander
bringt ihm gerade auch nicht die günstigste Ansicht von der Religion bei, die als Religion der Liebe und des Friedens ausposaunt
wird. Scheinbar stimmt der Indianer in Religionssachen mit Jedem
überein; er widerspricht nie, oder höchst selten, weshalb es auch,
wie Hennepin und Charlevoix bemerken, sehr schwierig ist, seine
wahre Meinung zu ergründen. So ist es denn gekommen, dass sich
mancher Missionär auf seiner Seelenjagd als Bringer des erwarteten
Glückes angesehen glaubte, weil alle Indianer seine Reden ruhig
über sich ergehen liessen; im Grunde aber ward er für nichts
anderes, als ein weisser Medicinmann angesehen. Wenn sich nun
ein Indianer bei einer solchen Gelegenheit taufen lässt, so erwartet
er entweder ein Geschenk dafür oder er betrachtet es im besten
Falle als eine Gefälligkeit gegen den fremden Schwarzrock.

Die Jesuiten, die zu Anfang des 17. Jahrhunderts in Canada
arbeiteten, thaten Wunder der Enthaltsamkeit und Selbstverleugnung;
sie liessen sich quälen und morden und gaben sich ruhig in ihr
Schicksal, wenn sie nur das beseeligende Bewusstsein hatten, einige
Seelen vor dem höllischen Feuer bewahrt zu haben. In der Wirklichkeit aber bestand das Christenthum der Indianer nur in der
mechanischen Nachahmung einiger unverständlicher Ceremonien und
Gebete und im Besitze einiger Heiligenbilder und Crucifixe, welch'
letztere sie einfach für einen Schmuck hielten, worüber sich schon
Pater Hennepin bitter beklagte. Wenn früher ein Missionär schrieb,
er habe so und so viele Männer, Weiber und Kinder getauft und
in die Gemeinschaft seiner speciellen christlichen Kirche aufgenommen,
so heisst dies im Grunde, dass sich so und so viele Rothhäute den

3*

Spass machten, sich den Kopf mit Wasser benetzen zu lassen. Die
Superiorität der christlichen Religion und der Einfluss derselben auf
die Veredlung der Sitten leuchtet den Indianern nicht ein; die
Christen, sagen sie — und sie meinen damit natürlich nur die ver-
worfenen Subjecte, welche sie kennen lernten — lügen, betrügen,
schwindeln und trinken mehr als wir; sie predigen, was sie selber
nicht befolgen und sind mit einem Worte viel schlechter als wir;
wäre ein so guter Mann wie Jesus Christus, der die Kranken heilen
und die Todten erwecken konnte, zu uns gekommen, wir hätten ihn
gut aufgenommen und in Ehren gehalten; ihr Weisse aber habt ihn
gekreuzigt!

Das Wirken der früheren Jesuiten in Canada hatte ausserdem
noch den Zweck, die Indianer derartig zu beeinflussen, dass sie im
Kriege gegen die Engländer verwendet werden konnten. Auch
unterzogen sich jene Gottesmänner den Strapazen doch nicht so
ganz des Evangeliums willen; denn sie waren die bezahlten Agenten
und Quartiermacher der professionellen Pelzhändler, die durchaus in
keinem beneidenswerthen historischen Renommée stehen. Der mehrfach erwähnte Pater Hennepin erzählt, dass einst die Wilden in
Gegenwart des Grafen de Frontenac sagten: „Während wir Biber
und Felle hatten, waren auch Leute da, die mit uns beteten; als
aber erstere seltener wurden, leisteten uns die Missionäre keine
Dienste mehr.“

Auch wurde den Jesuiten dadurch die Arbeit erschwert, dass
sie von den einheimischen Gauklern als Rivalen betrachtet wurden,
die gekommen waren, um ihnen ins Handwerk zu pfuschen; kurzum,
der Civilisationsplan auf ausschliesslich religiöser Basis machte schmäh-
lich Fiasko.

Der gefährlichste Feind der Indianer, der ihre Reihen mehr
lichtete als alle Kugeln und Bajonette der Weissen und alle Scalpirmesser der Rothen, war von jeher der zaubergewaltige Schnaps,
für den ihnen seit ihrer ersten Bekanntschaft damit stets Alles
feil gewesen ist. Er machte sie grausamer und blutdürstiger im
Kriege und fauler und unsittlicher im Frieden. Schon die kleinste
Dosis dieses verderblichen Getränkes übt den schrecklichsten Einfluss auf ihn aus. War er vorher noch so ruhig, friedlich und zu-
gänglich, sobald er ein Gläschen des ihm ungewohnten Getränkes
geschlürft hat, erwachen alle teuflischen Eigenschaften in seiner Brust
und einen Unterschied zwischen Freund und Feind, Mann und Kind
kennt er nun nicht mehr. Er ermordet im Rausche Weib und Kind,
um nachher seine Verirrung desto mehr zu beweinen. Ein im Trunke
verübter Mord wurde übrigens nie für ein schweres Verbrechen gehalten. Denys*) erzählt, dass man dem Mörder auf Grund seiner Be-

---

*) Description de l'Amérique Septentrionale etc. par M. Denys, Gou-
verneur-Lieutenant pour le Roi. Vol. II ch. 27. — Paris 1672.

rauschung verzeihen müsse, vorausgesetzt, dass er der Wittwe des Ermordeten ein Geschenk gebe. Während der Indianer oft laut den Europäer anklagt, dass er ihn mit diesem verderblichen Gifte bekannt gemacht habe, lässt er doch keine Gelegenheit, sich in den Besitz desselben setzen zu können, vorübergehen und sei es gegen das Allerletzte, was er sein eigen nennt. Es ist zwar strenges Gesetz, dass bei Austheilung der Annuitäten kein Schnapshändler zugegen sein darf; aber er ist in der unmittelbaren Nähe und der Indianer weiss ihn sehr wohl zu finden. Dort erhält er des Feuerwassers so viel, als er nur mit seinen Geschenken bezahlen kann; und wenn er dann nach Hause kommt, ist er meistens viel ärmer als zur Zeit seiner Abreise. Hat er darnach seinen Rausch ausgeschlafen und ist es ihm klar geworden, dass man ihn nur deshalb sein Lieblingsgetränk in vollen Zügen schlürfen liess, um ihn desto bequemer um Alles beschwindeln zu können, dann erwacht sein alter Hass gegen die Blassgesichter mit neuer Kraft, und wehe demjenigen, der ihm zuerst in die Quere kommt.

Der Schnaps übt einen unwiderstehlichen Zauber auf ihn aus, trotzdem er sehr wohl weiss, dass er sein Ruin ist. Die Mexikaner hatten ihren Pulque, aber sie tranken denselben sehr mässig; den Indianern aber war vor dem Umgange mit den Weissen ein jedes berauschende Getränk unbekannt.

Der französische Missionär Le Jeune berichtet aus Canada: „Unser Dollmetscher sagt, die Indianer, von denen einer wegen eines an einem Franzosen begangenen Mordes im Gefängniss sass, behaupten, dass der Schnaps, aber nicht der Indianer an jenem Verbrechen schuldig sei; werft daher euren Wein und Schnaps in das Gefängniss, damit sie nicht noch mehr Unheil anrichten." In einem späteren Berichte sagt Le Jeune: „Es giebt viele Waisen unter den Indianern; denn seitdem sich letztere dem Trunke ergeben haben, herrscht grosse Sterblichkeit unter ihnen."

Der Schnaps wurde den Indianern also zugleich mit dem Evangelium gebracht und derselbe Missionär erzählt auch, dass sie mehrmals im Rausche christliche Bethäuser zerstört hätten. Durch königlichen Befehl wurde zwar in Canada unter Graf Frontenac die Einführung des Branntweines streng verboten, aber man kann sich leicht denken, dass bei der Ausdehnung des Gebietes und bei einem Volke ohne bestimmten Wohnort ein solcher Befehl nur ein todter Buchstabe bleiben musste. Erhielten übrigens die Indianer ihr Lieblingsgetränk nicht von den Franzosen, so wussten sie sehr leicht den Weg zu den Engländern zu finden, die in solchen Dingen weniger scrupulös waren. Der Händler, welcher den meisten Schnaps fliessen liess, machte die besten Geschäfte; wer also den Schnaps in den Bann that, ruinirte das Geschäft und dieses geht dem Engländer doch über Alles.

Im Jahre 1802 wurde der Präsident der Vereinigten Staaten

vom Congress autorisirt, Massregeln zu treffen, um den Verkauf des Branntweins an Indianer zu verhindern, oder wenigstens doch zu beschränken; da aber in dem darauf erlassenen Gesetz nicht die geringste Strafe für die Verletzung desselben angedeutet war, so war es nicht einmal das Papier werth, worauf es gedruckt wurde. Die den Händlern ausgestellten Licenzen enthielten zwar ausdrück- lich die Bestimmung, keinen Schnaps verkaufen zu dürfen; aber wer lief jenen Leuten in den Urwald nach, um sich um ihr Thun und Treiben zu bekümmern?

Die Einführung der Blattern und der Syphilis, welch' letztere stets zum Gefolge der Soldaten gehörte, trug natürlich auch nicht wenig dazu bei, die Reihen der Rothhäute zu lichten. Durch erstere Plage wurden ganze Stämme ausgerottet. Nimmt man dazu noch die immerwährenden Kriege einzelner Stämme unter sich und mit den Weissen, so möchte man wohl fragen, wie lange dauert es noch, bis der letzte rothe Amerikaner vom Erdboden verschwunden ist? Es ist dies eine Frage, über die wir uns hier klar werden müssen; denn wäre die allgemein ausposaunte Meinung, dass man nach einem Dutzend Jahren den Indianer nur noch als Hauptattrac- tionsstück eines Museums anträfe, stichhaltig, so verlohnte es sich nicht der Mühe, sich überhaupt noch um seine Civilisation zu be- kümmern. Man könnte alsdann den natürlichen Verlauf der Dinge ruhig abwarten; denn dass durch das Verschwinden jenes Urvolkes eine empfindliche Lücke im menschlichen Geschlechte entstehen würde, ist nicht ernstlich anzunehmen. Eine nähere Untersuchung dieser Frage lässt uns jedoch zu einem anderen Resultate kommen.

Man hat sich daran gewöhnt, die Zahl der bei Entdeckung Amerika's vorgefundenen Eingeborenen bedeutend zu überschätzen; nicht allein die spanischen Conquistadoren lügen da in's Blaue hinein, nein, auch die Explorer und Besiedler des nördlichen Amerika ver- fallen in die widersprechendsten Angaben, die natürlich alle auf blossen Vermuthungen beruhen. Catlin, den man so häufig als Autorität anführt und dessen Werke in mancher Hinsicht hohe Be- achtung verdienen, gibt ihre ursprüngliche Zahl auf 16 Millionen an — eine Angabe, die lange als massgebend angesehen wurde und die mehr als irgend ein anderer Umstand zum Glauben an das Aus- sterben jener Naturvölker Veranlassung gab.

Im Jahre 1778 gab Thomas Hutchins, der damalige General- Surveyor ihre Stärke auf 129,150 an; nach dem Berichte für den Continental-Congress am Anfange der Revolution belief sich ihre Zahl auf 60,000; Schoolcraft gibt ihre Stärke nach dem Census, der infolge eines Congressbeschlusses vom Jahre 1847, so gut wie es damals ging, aufgenommen wurde, auf 383,229 an, wozu er ausserdem noch 25—35,000 in den noch unexplorirten Gegenden rechnete. Nach den neuesten zuverlässigen Angaben des indianischen Bureaus in Washington beläuft sich ihre Zahl auf ungefähr 280,000, wozu noch circa 27,000 Eingeborene des Territoriums Alaska zu rechnen sind. Vergleichen wir die Jahresberichte jenes Bureaus genau miteinander, so kommen wir zu der festen Ueberzeugung, dass die Urbevölkerung Amerika's nicht im Aussterben begriffen ist, sondern dass sie vielmehr langsam zunimmt.

Für die älteren, sich so sehr widersprechenden Angaben sind die Gründe übrigens leicht zu finden. Der eine Reisende sah in einer Gegend zufällig sehr viele Indianer, die sich vielleicht zu einer Jagdpartie oder einem Kriegszuge zusammengefunden hatten; währenddem der andere, der entweder früher oder später dieselbe Gegend bereiste, nur eine spärliche Bevölkerung vorfand. Wer die Leute einer Stadt zur Zeit der Messe oder des Jahrmarktes zählt, kommt zu einem anderen Resultate, als wer nach jener Zeit ihre Zahl abschätzt.

Es sind allerdings früher mehrere mächtige Stämme durch den Contact mit den Weissen vollständig ausgerottet worden; aber lange nicht so viele, wie man gewöhnlich annimmt. Im indianischen Territorium (Indian Territory) befinden sich z. B. Ueberreste zahlreicher Nationen, die mit anderen Stämmen verschmolzen sind und daher ihren ursprünglichen Namen nicht mehr führen. Diejenigen Stämme, welche sich der Civilisation zugewandt, das Kriegsbeil für immer vergraben und sich feste Wohnsitze gegründet haben, nehmen an Zahl merklich zu, während diejenigen, welche vorziehen sich von der ungewissen Jagd und dem Fischfang zu ernähren und die der Kriegslust huldigen, sich weniger vermehren und vielleicht mit ihrem Freunde, dem Büffel, ein gleiches Schicksal theilen müssen. Wer sich den mächtigen Anforderungen der so schnell schreitenden Civilisation nicht fügt, wird einfach als Hinderniss aus dem Wege geräumt.

Die Civilisation der Naturvölker ist bekanntlich ein langwieriger und beständig mit Enttäuschungen verknüpfter Process. Dass man in diesem Falle mit den Alten wenig anfangen kann, ist schon in jener Bibelsage angedeutet, welche die Kinder Israel durch Mose vierzig Jahre in der Wüste herumführen liess, damit inzwischen eine neue, anders erzogene und von anderen Ideen beseelte Generation heranreifte.

Die Erziehung und Heranbildung der Jugend ist also hier wie überall die Hauptsache. Bei den wilden Stämmen besteht dieselbe in schnellem Laufen, sicherer Handhabung des Bogens und des Fischspeeres, in der Kunst des Hungerleidens und des stoischen Ertragens unbeschreiblicher Qualen, in welch letzterem sie die alten Spartaner noch bedeutend übertreffen. Als 1744 zwischen den britischen Commissären und einigen Indianern ein Consil abgehalten und von letzteren verlangt wurde, einige ihrer Kinder dem College von Williamsburgh anzuvertrauen, erwiederte nach Dr. Franklin's Mittheilung ein Häuptling: „Ihr müsst wissen, dass verschiedene Nationen auch verschiedene Ansichten haben. So stimmen auch unsere Ideen über Erziehung nicht mit den eurigen überein. Wir haben in dieser Sache Erfahrung. Einige unserer jungen Leute wurden früher in einer eurer Anstalten im Norden erzogen. Als sie zurück kamen, waren es schlechte Läufer und verstanden nicht im Walde zu leben; sie waren keine Jäger, Krieger noch Rathgeber und überhaupt zu nichts Vernünftigem zu gebrauchen. Wir danken euch für euer Anerbieten, müssen es jedoch ablehnen. Wenn uns aber die Herren aus Virginien ein Dutzend ihrer Söhne schicken wollen, so werden wir sie gut unterrichten und Männer aus ihnen machen."

Diese Vorurtheile, die theilweise heute noch bei! den wilden Stämmen herrschen, müssen natürlich ausgerottet werden und dazu braucht man vor allen Dingen lange Zeit und geduldige, vorsichtige Arbeiter. Ein gutes Beispiel lehrt hier viel, die Noth jedoch noch mehr. Ersteres wird ihnen leider jetzt noch zu selten geboten. Die Franzosen, die früher zahlreich unter den Indianern lebten, übten auch nicht den allergeringsten civilisatorischen Einfluss auf sie aus, sondern sie wurden, wie schon Charlevoix bemerkt, selber Indianer, und dass dem grösstentheils heute noch so ist, davon überzeugte ich mich vor Jahren persönlich.

Religiöse Gesellschaften nahmen zuerst die Sache der Indianererziehung in die Hand; sie wirkten jedoch hauptsächlich für das jenseitige Leben, ohne den Ansprüchen des irdischen Genüge zu leisten. 1822 befanden sich in der Union, wie aus dem Berichte Calhoun's, des damaligen Kriegsministers, hervorgeht, 14 Indianerschulen, mit zusammen über 500 Zöglingen; dieselben standen unter der Aufsicht von Missionsgesellschaften, und wären dieselben mit mehr Umsicht zu Werke gegangen, sie hätten Bleibendes leisten können.

„Ich sehe", sagte einst ein Häuptling der Osages, den man in Washington zur Annahme der Civilisation bereden wollte, „eure Lebensweise, eure guten, warmen Häuser, eure Kornfelder, euer Vieh, eure Wägen und eure Tausende von Maschinen, deren Gebrauch mir unbekannt ist. Ich sehe, dass ihr auch Kleider aus Gräsern und Sträuchern machen könnt; kurz, nichts ist euch unmöglich. Ihr könnt euch ein jedes Thier dienstbar machen; aber ihr seid von Sclaven umgeben; Alles um euch liegt in Ketten; ja, ihr seid selbst Sclaven. Ich befürchte, dass, wenn ich meine Lebensweise mit der eurigen vertauschte, ich ebenfalls ein Sclave würde. Sprecht mit meinen Söhnen; vielleicht nehmen sie eure Lehren an, oder empfehlen sie wenigstens ihren Söhnen. Was mich anbelangt, so bin ich frei geboren und erzogen und will auch frei sterben."

Nur da, wo die Missionäre zuerst für die Befriedigung der durch veränderte Verhältnisse hervorgebrachten Bedürfnisse sorgten, also in den wenigen Fällen, wo sie mit der Gewinnung des Indianers für die Civilisation vom richtigen Principe ausgingen, konnten sie auf bleibende Resultate und auch auf zuverlässige Proselyten rechnen. Eine Civilisation ist möglich ohne Religion, d. h. ohne die vernunftwidrigen dogmatischen Lehrsätze derselben; aber nicht ohne Moral. Der berühmte Häuptling Red Jacket sagte einst in dieser Hinsicht: „Wenn die Missionäre so sehr nützlich sind, warum behalten sie sie nicht für sich? Die Schwarzröcke sagen uns, wir sollten das Land bebauen; sie selber aber thun es nicht und müssten verhungern, wenn sie nicht von Andern gefüttert würden. Sie beten den lieben langen Tag zum grossen Geiste; aber davon wachsen weder Kartoffeln noch Korn."

Kurzum, ihrer Civilisation, sei es nun durch Missionäre oder Beamte der Regierung, standen von jeher die grössten Schwierigkeiten im Wege.

Da ein hauptsächlich der Jagd huldigendes Volk keinen permanenten Wohnsitz hat, so ist es schon deshalb eine sehr beschwerliche Sache, es für die Civilisation zu gewinnen; denn dieselbe bedarf als Basis vor allen Dingen fester Wohnsitze, verbunden mit Grundeigenthum und der Bearbeitung desselben. Ohne Ackerbau ist eine Civilisation gänzlich unmöglich. Alles dies aber passte den Indianern nicht in ihre bisherige Lebensanschauung; da sie aber durch den Vordrang der Weissen und deren Besitzergreifung des Bodens allmählich von allen Seiten eingeengt wurden und ihnen somit die Alternative gestellt war, entweder anderen Sinnes zu werden oder zu Grunde zu gehen, da war es kein Wunder, dass sie gegen die Eindringlinge feindliche Gefühle hegten und dass sie sie für ihre bittersten Feinde hielten. Immer weiter nach Westen zu ziehen, um die geliebte Freiheit und Unabhängigkeit zu bewahren, ging auf die Dauer auch nicht mehr; denn wo sich gutes Land vorfand und wo gute Wasserstrassen waren, da fasste auch das Blassgesicht festen Fuss, gründete Ansiedelungen, setzte Dampfboote auf die Flüsse und baute Eisenbahnen.

So wird der Indianer stets zur Seite geschoben und findet sich überall im Wege. Zum Kriege wird ihm oft genug die Gelegenheit geboten, aber jedesmal findet er aus, dass, wenn er auch hin und wieder einige Grenzer scalpirt und einige Compagnien Soldaten unverhofft überfällt und niedermacht, er zuletzt doch den Kürzeren zieht. Will er nun nicht ganz dem Untergange verfallen, so bleibt ihm nichts Anderes übrig, als sich zum Ueberwinder zu gesellen und sich auf eine Reservation bringen zu lassen, woselbst er unter der Aufsicht der Regierung steht. Dann, und nur dann allein kann man versuchen, ihn zu civilisiren, und was bis jetzt in dieser Richtung geleistet worden ist, wollen wir nun an der Hand der Berichte des indianischen Bureaus in Washington untersuchen.

Im Ganzen genommen befinden sich ungefähr 150,000 Indianer auf Reservationen und 130,000 derselben sind bereits in der glücklichen Lage, unabhängig dazustehen und sich selbst ernähren zu können.

Im Staate New-York befinden sich die Ueberreste der einst so mächtigen sechs Nationen, die auf acht Reservationen untergebracht sind. Ihre 31 Schulen, von denen 27 vom betreffenden Staate und die anderen von religiösen Gesellschaften unterhalten werden, werden von über 1200 Kindern besucht; von 27 daselbst wirkenden Lehrern sind 9 Vollblutindianer, die durch theilweise Unterstützung ihres Staates eine gründliche Ausbildung für ihren Beruf genossen haben. Die von ihnen geleiteten Schulen werden von den indianischen Kindern auffallend bevorzugt. Die grösste jener Schulen, welche mit dem Thomas'schen Waisenhause auf der Cattaraugas-Reservation in Verbindung steht, wird nur von indianischen Lehrern geleitet und können sich ihre Leistungen mit denen einer amerikanischen Landschule vortheilhaft messen. Das Thomas'sche Institut für arme und verwaiste Indianerkinder, das durchschnittlich 90 Schüler beherbergt, wurde von dem Baltimorer Quäker Philip Thomas gegründet und ist eine der nützlichsten Anstalten derart. Die dortigen Schülerinnen erhalten ausser dem gewöhnlichen Schulunterricht auch Unterricht in allen häuslichen Arbeiten; die Knaben werden in den Stunden, die ihnen die Schule frei lässt, auf der Farm und in den Werkstätten beschäftigt. Im Jahre 1876 hatten jene Knaben 26 Acker mit Besenholz bepflanzt und die daraus verfertigten Besen wurden für 880 Dollars verkauft. Jene Reservation ist von ungefähr 5000, meistens dem Stamme der Senecas angehörenden Indianern bewohnt und, wie der jährliche Census deutlich beweist, so nimmt die Bevölkerungszahl in dem gewöhnlichen Masse zu. Das Land ist gemeinschaftliches Eigenthum jenes Stammes; doch schwebt leider wie ein Damoklesschwert das sogenannte Präemtions-Recht der Ogden-Land-Compagnie über dieser und noch zwei anderen Reservationen, nämlich der Allegany und der Cornplanter Reservation, wodurch verhindert wird, dass die Senecas ihr Land einzelnen Familien als individuelles Eigenthum überlassen können. Dass dieser Umstand der Vervollkommnung ihrer socialen Zustände, wie ihrem Fortschritte in der Civilisation hinderlich ist, ist eine stereotype Klage der dortigen Agenten, ohne dass man übrigens bis jetzt ernstlich darauf bedacht war, die nöthige Abhilfe zu schaffen.

Auf jener Reservation hält auch der nach den Gesetzen New-Yorks incorporirte landwirthschaftliche Verein der Irokesen seine jährlichen, mehrere Tage dauernden Feste ab. Die Feldproducte, die sie daselbst zur Ausstellung bringen, ernten und verdienen das höchste Lob. Auch wurde daselbst einst eine von den leitenden Geistern der sechs Nationen organisirte Temperenz-Versammlung abgehalten, bei welcher Gelegenheit vier einheimische Musikcorps spielten und grossen Enthusiasmus hervorriefen. Die Indianer kamen in grosser Anzahl und füllten die dortige, sehr geräumige Presbyterianerkirche bis auf den letzten Platz; aus den Verhandlungen ging deutlich hervor, dass man Ernst machte, sich mit vereinten

Kräften gegen das verderbliche Feuerwasser zu schützen. Die Folge war, dass sich auf allen Reservationen Temperenz-Vereine bildeten und sich die Agenten williger zeigten, jene Leute, welche dem Gesetze zuwider Spirituosen verkauften, gerichtlich zu verfolgen.

Die auf der Allegany- und Cattaraugas-Reservation wohnenden Indianer, welche zusammen den officiellen Namen „Seneca Nation of Indians" führen, haben eine selbstständige, demokratische Regierung und wählen jährlich ihren Präsidenten, Schatzmeister, Schreiber und sonstige Beamte durch Ballot.

Die Cornplanter-Reservation, welche am Allegheny-Flusse, Warren County, Pennsylvanien, liegt und 761 Acker sehr guten Landes enthält, wurde vom Staate Pennsylvanien dem Häuptling Cornplanter und dessen Nachkommen geschenkt, weil derselbe durch seinen Einfluss am Ende des vorigen Jahrhunderts die sechs Nationen abgehalten hatte, sich dem damaligen Indianeraufstande anzuschliessen. Jene Reservation, die von 80 Personen bewohnt ist, befindet sich in äusserst blühendem Zustande; jede Familie besitzt ein Stück Land als unantastbares Eigenthum, ein Umstand, der nicht wenig zur Hebung des Wohlstandes und zur Beförderung der Industrie beigetragen hat.

Auch die Tonawanda-Reservation, in den Counties Erie, Genessee und Niagara des Staates New-York liegend, gewährt im Allgemeinen einen günstigen Eindruck; doch ist der Fortschritt in den verschiedenen Industriezweigen ein langsamer und zwar hauptsächlich deshalb, weil Niemand aus dem vorhin angegebenen Grunde Land als unabhängiges Eigenthum besitzen kann. Jene Reservation besteht aus etwa 7000 Ackern, auf welchen gegen 600 Personen wohnen. Die dortigen Indianer erhalten mehr Jahrgelder als irgend ein anderer Stamm der New-Yorker Agentur; sie besitzen drei Tagschulen (day-schools), die ganz erfreulich besucht werden.

Die Tuscaroras, die früher, als sie noch in Nordcarolina wohnten, sehr kriegslustig waren, vereinigten sich nach manchen schweren Schicksalsschlägen i. J. 1722 mit den aus Mohawks, Senecas, Onondagas, Oneidas und Cayugas bestehenden Irokesen und gründeten 1780 in der Nähe der Niagarafälle eine Niederlassung, auf der sie sich erfolgreich dem Ackerbau widmeten. Gegenwärtig besitzen sie über 6,000 Acker Land und zählen gegen 400 Seelen. Schon 1831 errichtete einer ihrer Häuptlinge ein Schulhaus auf dieser Reservation und seit jener Zeit legen sie grossen Werth auf einen guten Schulunterricht. Die Tuscaroras sind im Ganzen genommen fleissige und sparsame Leute; ihre Farmen, Ackerbaugeräthe und Feldproducte halten einen günstigen Vergleich mit denen ihrer weissen Nachbarn aus.

Die Reservation der Onondagas, die aus den Dörfern Fayette und Onondaga besteht und sich ungefähr sieben Meilen von Syracuse befindet, ist 6100 Acker gross, von denen der grösste Theil an weisse Farmer vermiethet ist. Die Nähe einer grossen Stadt hat unstreitig die moralische Entwickelung der Rothhäute gehemmt und viele zu Tagedieben und noch Schlimmerem gemacht. Die Häuptlinge ermahnen zwar ihre Leute, das Land anstatt zu vermiethen selbst zu bebauen und ihre Kinder regelmässig in die Schule zu schicken; aber diese Worte fallen leider zu oft auf felsigen Boden. Die Methodisten und Episcopalen haben sich ihres Seelenheiles und des Unterrichtes der Jugend angenommen; auch unterhält ausserdem der Staat eine öffentliche Schule daselbst, sodass es also wenigstens nicht an der nöthigen Gelegenheit fehlt, die Kinder im Sinne der Civilisation erziehen zu können.

Die gegen 250 Seelen zählenden Oneidas bekennen sich zur bischöflichen Methodistenkirche und haben einen Eingebornen zum Prediger. Sie sind ausgezeichnete Farmer.

Die sogenannten Saint-Regis-Indianer, welche Nachkommen der Mohawks sind, wohnen theils auf canadischem, theils auf New-Yorker Boden und bekennen sich grösstentheils zur katholischen Religion. Das Dorf Saint Regis besteht aus 100 Loghäusern und hat eine ziemlich regelmässig besuchte Schule. Die amerikanische Abtheilung steht unter Leitung dreier jährlich erwählter Häuptlinge, deren Hauptrecht darin besteht, jedem Indianer ein unbebautes Stück Land auf zehn Jahre vermiethen zu dürfen.

Alles in Allem sind die Indianer der New-Yorker Agentur gesittete und fleissige Leute, die auch zur Zeit des amerikanischen Bürgerkrieges bewiesen, dass sie zuverlässige und treue Anhänger einer ungetheilten Union waren. Der letzte Mord, der bei ihnen vorkam, fand 1873 auf der Tonawanda-Reservation statt, und stellte es sich bei der Untersuchung heraus, dass alle dabei Betheiligten im Rausche gehandelt hatten.

Alle Schulberichte jener Agentur stimmen darin überein, dass die indianischen Kinder schnell lernen und begreifen, und dass sie die von amerikanischen Lehrern geleiteten Schulen unregelmässiger als die von Leuten ihrer Nationalität geführten besuchen. Fernerhin zeigt der jährliche Census, dass man wegen ihres Aussterbens nicht besorgt zu sein braucht; denn sie vermehren sich ebenso schnell wie die Weissen.

Die sich im Staate Michigan befindlichen Indianer sind: die Chippeways von Saginaw, Swan Creek und Black River; die Pottawatomis von Huron; die Ottawas und Chippeways am östlichen Ufer des Michigansees, am südöstlichen Ufer des Superiorsees, an beiden Ufern des Sault-Saint-Marie-Flusses und am nördlichen Ufer des Huronsees; und schliesslich unter dem Namen „L'Anse Band" bekannten Chippeways an der Keewenaw-Bay und in der Nähe von Ontanagon. Jene Indianer sind ruhige, friedliche Leute und würden sicherlich ein ungestörtes, glückliches Dasein führen, wenn sie nicht zu sehr dem verderblichen Umgange mit Weissen und den Grenzstrolchen ausgesetzt wären und dem Whisky nicht so sehr huldigten. Sie sind meistens Staatsbürger und besitzen alle Rechte der eingebornen Weissen. Ihr Land haben sie grösstentheils verkauft, denn der Ackerbau entspricht durchaus nicht ihrem Geschmacke. Sie halten lieber den grössten Hunger aus und unterziehen sich als Jäger und Fischer lieber zehnmal mehr Strapazen, als dass sie sich mit dem Bearbeiten des Bodens quälen. Nur wenn sie die bitterste Noth zwingt, arbeiten sie für Fremde und sind dann so fleissig, wie man nur wünschen kann. Ihre Wohnungen befinden sich meist in der Nähe grosser Seen, so dass sie bequem dem Fischfang obliegen können. Ihre Anzahl beträgt ungefähr 9000.

Die Ottawas und Chippeways, welche seit 200 Jahren mit ihren Entdeckern, den Franzosen, in intimem Verkehr gestanden haben, tragen relativ noch die meisten Spuren der Civilisation zur Schau. Ihr Verkehr war stets so intim, dass es jetzt sehr schwer ist, einen Indianer von einem Franzosen zu unterscheiden. Der Hauptgrund, weshalb sich die Indianer von jeher zu den Franzosen hingezogen fühlten und mit ihnen viel lieber als mit den Engländern oder Angehörigen anderer Nationalitäten verkehrten, ist in dem bereits früher angedeuteten Umstande zu suchen, dass sich die Franzosen niemals ernstlich mit dem Versuche quälten, die Rothhäute für das civilisirte Leben zu gewinnen, sondern dass sie es für bequemer und ihren Neigungen entsprechender fanden, die Lebensweise jener zu adoptiren. Ihre Umgangssprache ist weder französisch noch indianisch, sondern ein schauderhaftes Gemisch von beidem. Sie gehören meistens der katholischen Kirche an; die Methodisten und Episcopalen haben trotz jahrelangen Bestrebens nur sehr wenige Proselyten unter ihnen gefunden.

Der Ackerbau der Indianer wurde dadurch gehemmt, dass der Congress i. J. 1872 das ihnen von rechtswegen gehörende, aber nicht nach den gesetzlichen, mit Geldausgaben verknüpften Vorschriften in Besitz genommene Land den weissen Einwanderern zur Besiedelung überliess, wodurch schmachvolle Ungerechtigkeiten begangen wurden, und den Indianern, welche sich angesiedelt hatten, der Glaube beigebracht wurde, sie müssten nun alle ihr Land hergeben. Die Schulen der Ottawas und Chippeways mussten Jahre lang ausgesetzt werden, weil das dazu bestimmte Geld nicht ordentlich verwaltet worden, oder mit anderen Worten, weil es in die weiten Taschen der Unteragenten gewandert war.

Die 1200 zählenden Chippeways der sogenannten „L'Anse Band" tragen, wie alle Indianer Michigans, die Kleider der Weissen; sie besitzen geräumige Loghäuser, doch cultiviren sie ausser den dabei befindlichen Gärten kein anderes Land. Aber auch dieses thun sie nur sehr nachlässig. Sie pflanzen im Frühjahre Mais und Kartoffeln, hängen dann ein grosses Schloss an die Hausthüre und begeben sich auf die Jagd oder den Fischfang. Gedeiht inzwischen

ihre Saat, so ist es gut; wenn nicht, so lassen sie sich auch keine
grauen Haare deshalb wachsen.   Sie sind theils Methodisten, theils
Katholiken; nach dem Berichte des Indianeragenten vom Jahre 1877
sind die letzteren faul, dem Trunke ergeben und erbärmlich gekleidet; erstere hingegen sind nüchtern und fleissig, und haben Oefen,
Betten, Stühle und Bilder in ihren Häusern.   Sie arbeiten für die
dortigen Sägemühlen, sammeln Beeren, verkaufen Biberfelle und
beschäftigen sich mit Vorliebe mit der Gewinnung des Ahornzuckers.

Die armen Pottawatomis haben weder Kirche noch Schule; eine
letztere besassen sie früher, aber sie brannte ab und seit jener Zeit
hat es an Geld zum Wiederaufbau gefehlt.

Die Chippeways von Saginaw sind grösstentheils Protestanten
und haben sich von allen Indianern Michigans am meisten ameri-
kanisirt.   Die englische Sprache wird von vielen verstanden und gesprochen; leider lässt ihr Schulwesen und die richtige Anwendung
des Schulfonds noch viel zu wünschen übrig.   Polygamie wird hin
und wieder von einigen Medicinmännern ausnahmsweise getrieben;
sonst aber begnügt sich jeder mit einer Squaw.

In Wisconsin befinden sich Stockbridges, Menomenis, Munsis,
Oneidas, Winnebagos und Pottawatomis; zusammen ungefähr 2700.
Sie führen ein trauriges Nomadenleben; jagen, fischen, sammeln
Wildreis und lassen ihr Land liegen, wie es liegt.   Ein Fortschritt
oder vielmehr ein Anfang im Ackerbau ist erst in allerletzter Zeit
wahrzunehmen; von der übrigen Civilisation wollen sie auch nicht
viel wissen und wird die jetzige Generation für dieselbe wohl verloren sein.   Die Schulen werden sehr unregelmässig besucht und
sind überhaupt auch in einem bedauernswerthen Zustande, woran
theilweise die katholischen Missionäre Schuld sein sollen.

Die Oneidas, welche bei Green Bay wohnen, stehlen Holz von
den Regierungsländern und verkaufen es an die dortigen Sägemühlen, wobei sie gewöhnlich gründlich betrogen werden.   Kein
Wunder, dass die Besitzer jener Mühlen in kurzer Zeit sehr reich
wurden; doch hat ihnen jetzt der Minister des Innern das Handwerk
gründlich gelegt.

Die Menomenis würden sich schon mehr um den Ackerbau bekümmern, wenn sie nur einen tüchtigen Musterfarmer hätten, der
sich ihrer annähme.   Da sie ihr Vieh gemeinschaftlich besitzen, so
gibt keiner darauf acht.

Die beste Indianerschule in jenem Staate befindet sich zu Odanah
auf der Bad-River-Reservation am Superiorsee; sie wurde 1876 von
einem Agenten gegründet und wird hauptsächlich von Presbyterianern
unterhalten.   Jener humane Agent sicherte sich Anfangs dadurch eine
bedeutende Schülerzahl und regelmässigen Besuch, dass er jedem Kinde
nach beendigter Unterrichtszeit täglich ein grosses Butterbrod verab-
reichen liess.   Die Bewohner jener Reservation, die ungefähr 800
zählen, sind friedliche Leute; sie jagen, fischen, stellen Fallen und

bebauen etwas Land, aber sie sind sehr arm und verwahrlost. Letzteres gilt auch von den Stockbridges und den wenigen Munsis, denen infolge eines Vertrages eine solche unwirthliche Gegend zum Bewohnen angewiesen wurde, dass viele ihren Stamm verliessen und sich nun als Bettler unter den Weissen herumtreiben. Welche Rechtsverhältnisse sich noch in Wisconsin befinden, davon gibt ein Agent im Berichte des Indianer-Bureaus vom Jahre 1877 auf Seite 206 folgendes Beispiel: „Wir haben Gesetze genug, aber Niemanden, um sie auszuführen. Ein Indianer der Fond du Lac Band traf einen andern an der Eisenbahn in Carrollton County, Minnesota; beide geriethen in Streit, bei welchem der eine sein Leben einbüsste. Die Jury trat zusammen und fand, dass ein Indianer von einem andern umgebracht worden war; aber das County war zu arm, um den Fall weiter untersuchen lassen zu können. Der Sheriff, welcher die Arrestation vorzunehmen hat, weiss, dass ihm das County in einem solchen Falle keine Extra-Vergütung erlaubt, und dass er für sein Amt nie wieder erwählt wird, wenn er durch Ausübung seiner Amtspflichten die Steuern der Bürger erhöht. Die Bewohner der Grenzdistricte behaupten, sie seien zu arm, um Gesetz und Gerechtigkeit aufrecht erhalten zu können, und einen vom Volke erwählten Beamten wird man schwerlich zur Verfolgung eines Indianers bewegen können. Auf jeder Reservation sollte sich ein Gefängniss befinden und ausserdem noch ein Mann, der das Civilgesetz zur Ausführung bringt. Der Indianer muss fühlen, dass die Regierung eine Macht ist und dass er bestraft wird, wenn er die Fenzen seines Nachbars niederbrennt."

In Minnesota befinden sich grösstentheils Chippeways; sie besitzen daselbst mehrere Reservationen, halten sich aber nur vorübergehend auf denselben auf. Sie kleiden sich wie die Weissen, haben sich aber sonst noch wenig von der Cultur belecken lassen. Mit Ausnahme der wilden „Pillagers" und der Otter Tail Band sind sie friedlich, aber sehr dem Spiele ergeben. Missionäre verschiedener Denominationen haben öfters ihr Glück mit ihnen versucht, jedoch ohne nachhaltigen Erfolg. Einer derselben, Namens Spees, besass sogar in Red Lake eine Druckerpresse, auf der er englische und chippewäische Tractate druckte. Ueber einen katholischen Missionär schreibt der Agent der Chippeways zu White Earth vom Jahre 1875:

„Der römisch-katholische Missionär Ignatius Tomazin dahier hat von Zeit zu Zeit Unfrieden gestiftet und viele Indianer glaubten, sie würden demnächst einen Agenten, der unter der katholischen Kirche stehe, bekommen; alsdann brauchten sie nicht für ihren Lebensunterhalt zu arbeiten; Alles würde ihnen dann umsonst geliefert u. s. w. Viele Indianer, die früher bürgerliche Kleidung trugen, zeigen sich jetzt in wollenen Decken und im Federschmuck. Jener Missionär gab vor, eine Schule und eine grosse Anzahl von Communicanten zu haben. Ich bat ihn zweimal, mir die nöthigen statistischen Notizen für meinen Bericht zukommen zu lassen; aber vergebens. So weit wie meine Beobachtung geht, hat er gar keine Schule."

In Nebraska befinden sich die Santee Sioux, Winnebagos, Omahas, Sacs und Foxes, Iowas, Otos und Missourias, zusammen gegen 6500. Die Iowas sind fleissige Bebauer des Landes und ziehen mehr Früchte, als ihr Bedarf verlangt. Sie haben comfortable Häuser mit Oefen, Stühlen und Tischen darin und was die Reinlichkeit darin anbelangt, so ist sie grösser als in den Wohnungen ihrer weissen Nachbarn. In einigen Häusern findet man sogar Teppiche, welche die Indianerinnen selbst gewirkt haben. Jede Familie besitzt ein Stück Land von 10 bis 15 Ackern. Sie pflanzen Aepfel- und Pfirsichbäume, einige sogar Weinstöcke. Sie haben ihre eigene Polizei; dieselbe wurde früher einmal für unnöthig gehalten und eine Zeitlang aufgehoben; doch fanden sie aus, dass sie ohne ein solches Institut ebenso wenig wie die Weissen fertig werden konnten. In ihrer von ungefähr 40 Kindern besuchten Industrieschule erhalten die Mädchen Unterricht in den Pflichten des Haushaltes und die Knaben im Gemüsebau und anderen nützlichen Gegenständen.

Die Sacs und Foxes am Missouri-Flusse sind im Arbeiten nicht so fleissig als im Trinken und es ist daher schwer, sie in Ordnung zu halten. Das Gesetz, dem arbeitsscheuen Indianer die Annuitäten vorzuenthalten, hat sich bis jetzt bei ihnen wirkungslos gezeigt.

Die Omahas machen ebenfalls langsame Fortschritte in der Civilisation; ihre zwei Schulen werden sehr unregelmässig besucht und dem Ackerbau wird auch nicht die gewünschte Aufmerksamkeit geschenkt. Die Ottos und Missourias treiben, da ihre Reservation reich an gutem Weideland ist, mit Erfolg Viehzucht.

Auf der Reservation der Santee Sioux treffen wir sehr gute Schulen an, die hauptsächlich von Missionsgesellschaften unterstützt werden. Jene Agentur ist das Centrum für die Ausbildung der jungen Sioux und viele kommen sogar von auswärts, um sich dort Unterricht ertheilen zu lassen. Auch wird daselbst eine illustrirte Monatsschrift in der Dakota-Sprache herausgegeben, die in 1500 Exemplaren gedruckt wird und gegen tausend zahlende Subscribenten hat. Im Jahre 1871 wurde daselbst ein von dem Missionär John P. Williamson verfasstes „English-Dakota Vocabulary" von Indianern gesetzt, gedruckt und gebunden. Dieses Werkchen ist 137 Seiten stark und wenn es sich auch nicht vortheilhaft mit den Erzeugnissen unserer weissen Buchdrucker vergleichen lässt, so ist es doch als wichtiges Merkmal des Anfangs in der Civilisation höchst beachtenswerth.

Jene Santee Sioux sind fleissig und friedlich; sie haben ungefähr 5000 Acker angebaut, leider aber in den letzten Jahren durch die Heuschreckenplage unendlich viel gelitten. Früher besassen die

Quäker einen weitgehenden Einfluss auf sie; sie bauten ihnen Schulen, bezahlten die Lehrer und lieferten ihnen Hausgeräthe und Medicamente.

In Kansas wohnen gegen tausend Kickapoos, Pottawatomis, Munsis und Chippeways. Letztere haben Sprache und Sitten der Weissen angenommen, besitzen gute Farmen mit wohlcultivirten Obstgärten und schmucken Häusern; sie sind verhältnissmässig wohlhabend und haben schon öfters den Wunsch nach Erlangung des Bürgerrechts ausgesprochen. Die Pottawatomis haben sich hauptsächlich auf die Viehzucht verlegt, sind aber den Sitten und Anschauungen der Weissen nicht besonders hold.

Die im Westen jenes Staates wohnenden Kickapoos besitzen ausgedehnte Ländereien, die ihr unveräusserliches Gemeineigenthum bilden. Nur die Hälfte findet Geschmack am Ackerbau; den andern hingegen gefällt die Lebensweise ihrer Vorfahren besser. Sie besitzen eine gut geleitete Schule, in welcher die Schüler ausser einem sehr praktischen Unterricht auch noch Kost und Logis erhalten.

Das indianische Territorium, ein grosser District, der im Osten an Missouri und Arkansas, im Norden an Kansas, im Süden an Texas und im Westen an den 100. Meridian grenzt, ist von zahlreichen Stämmen bewohnt, von welchen wir jedoch nur die wichtigsten betrachten wollen.

Die Tscherokesen, welche nach dem letzten Berichte etwas über 18,000 Seelen zählen, haben im nordöstlichen Theile des Territoriums eine Reservation, die 3,844,712 Acker gross ist. Sie wohnten früher in den Staaten Georgia, Tennessee und Nordcarolina und sind infolge von Verträgen aus den Jahren 1817 und 1835 nach ihrer jetzigen Heimath übergesiedelt. Sie sind ein intelligentes, aufgewecktes, fleissiges, nüchternes und unternehmendes Volk; sie sind von einem mächtigen Ehrgeiz beseelt, der sie zu Fortschritten auf allen Gebieten antreibt und sie beständig ermuthigt, es in allen Dingen ihren weissen Mitbürgern gleich zu thun. Wo es gilt, sich nützliche Kenntnisse zu sammeln, sind sie schnell bei der Hand; Ackerbau und Viehzucht bildet ihre Hauptbeschäftigung und trotzdem ihr Wohlstand durch den amerikanischen Bürgerkrieg bedeutend litt, so haben sie sich doch von jenen Schicksalsschlägen in kurzer Zeit wieder erholt. Sie haben es wie wenige andere Stämme verstanden, sich in Zeit und Umstände zu schicken und wie ein echter Yankee Nutzen aus Allem zu ziehen. Ein ähnliches Beispiel, dass ein Naturvolk sich in so verhältnissmässig kurzer Zeit wie ein Mann der Civilisation zuwandte und so erstaunliche Fortschritte darin machte, wird man in der ganzen Weltgeschichte vergeblich suchen. Die Tscherokesen besitzen zahlreiche Schulen, Akademien und Kirchen; i. J. 1877 gaben sie für Schulzwecke 73,000 Dollars aus, wovon allein 41,475 auf Lehrergehalte kamen. In ihren 75 Elementarschulen wird jährlich 10 Monate lang jeden Tag Unterricht ertheilt;

für höhere Ausbildung sind zwei Seminarien errichtet, nämlich eins
für das weibliche und eins für das männliche Geschlecht; ausserdem
haben sie eine Industrieschule, ein Waisenhaus, ein Institut für Taub-
stumme und Blinde und ein Irrenhaus. Alle diese Institute befinden
sich in geräumigen, schönen Gebäuden, die mit Einrichtungen der
neuesten Zeit versehen sind. Das Mädchenseminar besteht aus zwei
Abtheilungen, nämlich aus einer Elementar- und einer sogenannten
Hochschulklasse; in der ersteren erhalten die Schülerinnen, oder
„young ladies", wie sie in einem Berichte genannt werden, Kost,
Logis, Kleider und Unterricht auf Kosten der Nation und einiger
Privatleute; in der oberen hingegen haben sie nur den Unterricht frei.

Im Jahre 1842 hatten die Tscherokesen nur 13 Schulen; damals
zählte man nur 200 Christen unter ihnen; jetzt aber bekennt sich
der ganze Stamm zu jener Religion.

Aus dem allgemeinen Schulfonds werden jährlich gegen 2000
Dollars für Bücher, Schreibmaterialien u. s. w. zum Gebrauche der
Districtschulen verwandt; die Lehrer erhalten ein Jahrgehalt von
300—500 Dollars.

Die Tscherokesen haben einen Schulrath, der regelmässige
Sitzungen hält, einen Superintendenten des Schulunterrichts und drei
Schulcommissäre, deren Aufgabe in der Inspection der öffentlichen
Schulen besteht. Diese Schulen sind in neun Districte eingetheilt,
sodass also je drei Schulen unter der Aufsicht eines Commissärs
stehen. Fünf der Schulen sind für Negerkinder bestimmt, deren
Eltern naturalisirte Bürger jener Nation sind.

Die Tscherokesen haben ihr eigenes Gesetzbuch und ihre eigene
Constitution, welch letztere der der Vereinigten Staaten nachgebildet
ist Darin wird unter Anderem gesagt, dass der Glaube an eine
zukünftige Belohnung und Bestrafung zur Erlangung des Bürger-
rechtes nöthig sei; im Uebrigen aber wird Gewissensfreiheit garan-
tirt. Ihre Wochenschrift, der „Cherokee Advocate", welche halb in
englischer und halb in tscherokesischer Sprache erscheint, wird von
Vollblutindianern redigirt, gesetzt und gedruckt. Ihr, vor einem
halben Jahrhundert von dem armen Sequoyah erfundenes Alphabet
wird theilweise heute noch gebraucht; es besteht aus 85 leicht er-
lernbaren Zeichen, von denen jedes eine Silbe darstellt.

Der „Cherokee Advocate" wird jedem tscherokesischen Bürger
auf Kosten der Nation geliefert; jeder andere Abonnent zahlt jährlich einen Dollar dafür. Das Deficit wird vom Schatzamte be-
stritten.

Die Tscherokesen sind eine in jeder Hinsicht glückliche, zu-
friedene und unabhängige Nation. Sie beschäftigen sich vorzugsweise mit Ackerbau und Viehzucht, und pflanzen auch etwas Baum-
wolle. Sicherlich würde sich ihr Wohlstand viel schneller vermehren,
wenn sie noch einige Industriezweige einführten und wenn sich ihre
jungen Leute mehr dem Handwerkerstande widmeten. So aber über-

schwemmen sie mit ihren Feldproducten den Markt und die˜natür-
liche Folge davon ist, dass sie nie dafür die gewünschten Preise
erhalten.

Unter den Tscherokesen befinden sich zahlreiche Delawaren,
Shawnis, Creeks und Natchez, die alle das Bürgerrecht des Haupt-
stammes besitzen. Von den dortigen Negern ist ein Theil infolge
eines Vertrages von 1866 in den Stamm aufgenommen worden;
die übrigen haben die Erlaubniss dort zu wohnen. Die dortigen
Halbblut-Indianer machen eine rühmliche Ausnahme von der Regel;
denn sie besitzen fast alle eine respectable Schulbildung und sprechen
das Englische sehr geläufig.

Das Land ist gemeinschaftliches Eigenthum der Tscherokesen
und die meisten sind gegen eine Vertheilung an einzelne Bürger,
und zwar weil sie befürchten, die Armen und Unvorsichtigen würden
alsdann ihr Eigenthum durch die Schwindeleien der Weissen verlieren — eine Befürchtung, die leider sehr gerechtfertigt ist.

Während der Zeit des letzten Bürgerkrieges waren die Tscherokesen nicht sonderlich für die Union eingenommen, und zwar weil
sie durch dieselbe vor ihrer Uebersiedelung nach dem Territorium
zu viele Unbilden auszustehen hatten. Ausserdem hatten sie auch
damals die Sclaverei eingeführt, und recht viele Sclaven zu besitzen
galt bei ihnen ebenso wie bei ihren Nachbarn, den südlichen Ba-
ronen, für ein Zeichen des Wohlstandes und Einflusses. Ihre Agenten,
die alle Demokraten, also Prosclavereimänner waren, überzeugten
sie von der unvermeidlichen Zerstörung der Union, und als dann
die Häuptlinge die Nachricht von den Schlachten von Bull Run und
Wilson's Creek erfuhren, welche natürlich als vollständige Nieder-
lagen des Nordens hingestellt wurden, da schlossen sie sich zum
grössten Theile der Conföderation an. Doch auch die indianischen
Anhänger des Nordens bildeten Brigaden, was die Rebellen so sehr
in Harnisch brachte, dass sie in das Territorium drangen und gräss-
liche Verwüstungen anrichteten. Alles, was den Unionsleuten gehörte, wurde zerstört und wenn es auch nur den geringsten Werth
hatte. Von der Bundesregierung verlassen, verloren sie bald Alles
ausser dem nackten Boden; das Stehlen ihres Viehes wurde pro-
fessionsmässig betrieben, und was sie pflanzten, stahlen die Soldaten
beider Parteien. Ja, ein Indianeragent berichtet aus dem Jahre 1864,
dass die Unionsleute, wenn es Raub galt, gemeinschaftliche Sache
mit den Südlichen machten, und fügt hinzu, dass die loyalen Bewohner des Territoriums fünf mal mehr stahlen als die Rebellen.
Dies ist unstreitig übertrieben.

Die 16,000 Seelen starken Choctaws besitzen südlich vom Lande
der Tscherokesen eine Reservation, die aus 6,688,000 Ackern besteht.
Dies Land ist reich an Fichtenholz, Kohlen, Silber- und Bleiminen.
Die Choctaws werden mit Recht zu den civilisirten Stämmen ge-
rechnet. Sie haben besonders im Schulwesen erstaunliche Fortschritte

gemacht; 1872 hatten sie 36, 1877 aber schon 54 tägliche Schulen. Ausserdem unterhalten sie noch eine sogenannte Boardingschule, in welcher die Zöglinge Kost und Logis erhalten, und dann noch eine Industrieschule, die zusammen von 1200 Kindern besucht werden. Die Ausgaben für diese Schulen belaufen sich jährlich auf 30,000 Dollars, wovon 12,000 Dollars·auf Lehrergehalte kommen. Für die Mädchenboardingschule zu Sculbyville sind jährlich 5000 Dollars erlaubt; das übrige bestreitet der Missionsrath der Methodisten.

Allem Anscheine nach sind die Choctaws gute Christen und haben ausser den Methodisten noch die Presbyterianer und Baptisten Anhänger unter ihnen. Sie werden mit den Chickasaws gewöhnlich als eine Nation betrachtet; der Report von 1875 (Seite 55) sagt, beide Stämme sprächen verschiedene Sprachen, wohingegen der von 1877 (Seite 110) bemerkt, sie hätten eine und dieselbe Sprache gemein. Die Wahrheit ist nun, dass beide Idiome so nahe mit einander verwandt sind, wie Hoch- und Plattdeutsch.

Schon vor einem halben Jahrhundert hatten die Choctaws grosse Fortschritte in der Civilisation gemacht. Vor einigen Jahren gaben sie auch zwei Wochenschriften heraus; ob dieselben aber noch existiren, vermag ich nicht mitzutheilen. Vor dem grossen Bürgerkriege trieben sie ebenfalls Sclaverei.

Die Chickasaws, 5,600 Seelen zählend, besitzen verhältnissmässig den grössten Reichthum von allen Stämmen und jenem Territorium; sie unterhalten 13 Districtschulen und verausgaben jährlich gegen 43,000 Dollars für Schulzwecke. Ausserdem haben sie vier sogenannte Hochschulen, die sie an Contractoren vergeben, und zwar auf Termine von fünf Jahren. Die Schüler erhalten darin Kost, Logis und theilweise auch Kleider und zahlt jene Nation für jeden Schüler jährlich von 175—200 Dollars an die Contractoren. Die talentvollsten Kinder der Chickasaws werden auf allgemeine Kosten nach den nördlichen Staaten geschickt, um ihnen die bestmögliche Erziehung angedeihen zu lassen.

Die 12,000 zählenden Creeks, zu denen gegen 2000 Neger gehören, sind ebenfalls wackere, tüchtige Leute, aber noch nicht so weit vorgeschritten, wie die Tscherokesen oder Choctaws. Ihre Hauptbeschäftigung bildet den Ackerbau, und dass sie darin Vorzügliches leisten, zeigen ihre landwirthschaftlichen Ausstellungen, die sie jährlich in Muscogee abzuhalten pflegen. Sie haben 28 Districtschulen mit eben so vielen Lehrern; die Hälfte der letzteren besteht aus Eingebornen. Von ihren zwei Industrieschulen (Manual labor schools) hat jede Raum für 80 Schüler. Dem „Muscogee Girl's Institute" bei Eufala steht ein Creek-Indianer, der unter Anderem auch ein tüchtiger Prediger in seiner Muttersprache ist, als Director vor. Stanley Pumphrey*) aus England, der vor wenigen Jahren

---

*) Siehe dessen Broschüre „Indian Civilization." Philadelphia 1877.

diese Gegend bereiste, erzählt, dass die Schülerinnen jener Anstalt in ihren Unterrichtsfächern ausgezeichnete Fortschritte gemacht hatten; einige waren z. B. sehr gut bewandert in der Algebra und andere konnten die Städte Italiens genau angeben. Bei einem Creek-Indianer, dessen Mittagsgast Pumphrey war, fand er ein griechisches Lexikon und die Werke von Cäsar, Virgil, Horaz und Xenophon; auf näheres Befragen wurde ihm mitgetheilt, dass der Bruder seines Wirthes im Stande sei, diese Werke in den Originalsprachen zu lesen.

Die Missionsschule der Creeks zu Tallahasee steht unter Leitung der Presbyterianer, die mit Ausnahme von 50 Dollars, die sie jährlich von jenem Stamme für jeden Schüler erhalten, alle Ausgaben zu bestreiten haben. Im Jahre 1874 hatten die Creeks fünf Separatschulen für Negerkinder; von den beiden Industrieschulen sind dieselben jedoch ausgeschlossen, was sicherlich nicht sehr zu Gunsten der christlichen Missionäre spricht, unter deren Aufsicht jene Anstalten stehen.

Die Seminolen, welche früher in Florida wohnten, besitzen in der Nähe der Creek-Reservation einen grossen Landstrich, von dem sie bereits 13,000 Acker urbar gemacht haben. Sie haben fünf Schulen und eine sogenannte Akademie, die von Presbyterianern geleitet wird.

Die bis jetzt genannten fünf Stämme jenes Territoriums zählt man mit Recht zu den civilisirten Völkern. Sie haben ihre Lage begriffen und es trefflich verstanden, sich hinein zu finden. Ihr Schulwesen ist durchgängig in ausgezeichneter Ordnung und ihr Wohlstand wächst sichtlich von Jahr zu Jahr.

Die Senecas jenes Territoriums sind ungefähr 240 Seelen stark. Ihre frühere Feindseligkeit gegen die Schulen hat bereits merklich abgenommen und lassen sie jetzt 40 ihrer Kinder Unterricht in den Elementarfächern ertheilen. Auch gewöhnen sie sich allmählich an Fleiss und Sparsamkeit und fangen an im Bebauen des Bodens ihr sicherstes Existenzmittel zu erblicken. Auch die in ihrer Nachbarschaft wohnenden kleineren Stämme der Shawnis, Wyandotts, Quapaws und Osages haben Schulen, deren Leistungen und Besuch aber noch Manches zu wünschen übrig lassen.

Bei den Ottawas, die sich erst seit dem Jahre 1870 im Territorium befinden, bebaut jede Familie das ihr als Eigenthum gehörende Land; sie sind vollberechtigte Bürger, trotzdem sie ihre Stammesorganisation aufrecht erhalten haben. Weil ihre Schule von einem indianischen Lehrer geleitet wird, so werden ihr mehr Kinder anvertraut, als wenn ein Weisser darin unterrichtete.

Die Peorias daselbst sind energische und unternehmende Leute; sie haben grosse Farmen mit guten Wohnhäusern und Scheunen und sind reich an Pferden, Schweinen und Rindvieh; auch legen sie grossen Werth auf einen guten Schulunterricht.

Die sogenannten Absentee Shawnis, welche ungefähr 700 Seelen zählen, erhalten sich selbst und beziehen mit Ausnahme der Gelder zur Erhaltung einer Boardingschule keine Annuitäten von der Regierung. Die Pottawatomis sind leider zu sehr dem demoralisirenden Einflusse weisser Grenzstrolche, die sich dort alle erdenklichen Schandthaten erlauben, ausgesetzt; sie besitzen zwei Schulen, von denen die eine unter Aufsicht eines katholischen Missionärs steht.

Die Sacs und Foxes, die früher in Kansas und noch früher in den Staaten Wisconsin, Missouri und Jowa wohnten und von denen sich noch jetzt Ueberreste in Kansas und Jowa befinden, sind im Territorium durch 450 Seelen vertreten; sie leben vom Ackerbau, in dem sie bis jetzt zufriedenstellende Erfolge errungen haben. Manchmal lassen sie Schule halten und manchmal nicht, je nachdem sich Kinder zum Besuche derselben einfinden. Ihre Sonntagsschule steht unter Leitung der Baptisten, die sich durch alle ersinnlichen Mittel einen regelmässigen Besuch zu sichern wissen.

Die Hauptbeschäftigung der wilden Kiowas, Comanches und Apatschen besteht noch immer im Pferdestehlen, zu welchem Zwecke sie hauptsächlich das Gebiet von Texas heimsuchen. Seit der Züchtigung, die sie 1874 durch die Bundestruppen erlitten, sind sie etwas zahmer geworden, aber sie müssen immer noch streng militärisch bewacht werden. Sie haben eine Schule, aber dieselbe liefert so gut wie gar keine Resultate. Zum Ackerbau sind sie zu faul; viel lieber ziehen sie dem Büffel nach, dessen Reihen sie übrigens schon bedeutend gelichtet haben. Die Arapahos und Cheyennen sind ähnlichen Charakters, doch haben sie bereits über 1000 Acker urbar gemacht. Sobald übrigens der Büffel gänzlich verschwunden ist und man ihren Diebszügen energischer gegenübertritt, werden sich auch diese Stämme so gut wie die anderen bequemen müssen, Loghäuser zu bauen und ihre Pferde zum Pflügen zu benutzen.

Das Territorium Dakota wird hauptsächlich von verschiedenen Zweigen des Siouxstammes bewohnt, deren Stärke auf 25,000 angegeben wird. Die sogenannten Yankton-Sioux, 2000 an der Zahl, haben 50 Meilen von dem Dorfe Yankton eine aus 400,000 Ackern bestehende Reservation, die sich gerade nicht zum Besten für den Ackerbau eignen; aber von solcher Beschäftigung wollen jene Indianer auch nicht viel wissen. Die dortige Agentur besitzt eine 260 Acker grosse Farm, die von Indianern unter Leitung eines weissen Musterfarmers bebaut wird. Es wurde früher einmal versucht, die Schafzucht einzuführen und systematisch zu betreiben und dann sollten die Indianerinnen den Gebrauch des Webstuhls lernen, um sich ihre Kleider selbst verfertigen zu können; aber die Regierung begünstigte diese Idee aus irgend einem Grunde nicht. Ferner befindet sich an jenem Platze eine Sägemühle, eine Schmiede und eine Spengler- und Schreinerwerkstätte, worin zu ziemlicher Zufriedenheit Sioux arbeiten.

Die dortigen Missionen der Prebyterianer und Episcopalen vertragen sich dem Anscheine nach ganz gut mit einander. Erstere erhalten auf ihre ausschliesslichen Kosten zwei Kirchen und drei Tagschulen; letztere vier Kirchen, fünf Tag- und zwei Boarding- schulen, wofür ihnen die Regierung eine jährliche Unterstützung von 2000 Dollars gewährt. Auf die Erlernung der Dakota-Sprache wird viel Mühe verwandt und sind die zu diesem Zwecke herausgegebenen Elementarbücher sehr praktisch eingerichtet.

Im Ganzen genommen sind jene Sioux den Weissen freundlich gesinnt und haben dies schon oftmals durch die That bewiesen. Als im Jahre 1864 die blutdürstigen Santee-Sioux die Ansiedler von Minnesota belästigten und Mord und Brand unter sie trugen, zeigten sich die Yankton-Sioux sehr loyal und General Sully von Fort Ran- dall warb damals 51 Spione unter ihnen an, die ausgezeichnete Dienste thaten. Sie wurden nach Beendigung jenes schrecklichen Aufstandes ehrenvoll aus dem Dienste entlassen und die Regierung belohnte sie dadurch, dass sie sie vierzehn Jahre auf ihren wohl- verdienten Sold warten liess.

Seit der Zeit, dass der kampflustige Häuptling Buntschwanz mit seinen rohen Gesellen aus der Nachbarschaft der Yanktons ent- fernt ist, herrscht bedeutend mehr Ruhe und Ordnung unter ihnen; von Jahr zu Jahr sieht man mehr Wigwams verschwinden und dafür neue Loghäuser entstehen. Auch hat der Gebrauch der Kriegsfarbe merklich nachgelassen; ebenso macht die Nationaltracht langsam der bürgerlichen Kleidung Platz. Ihre früher so unbezwingbare Wanderlust scheint sich auch gelegt zu haben; aber das zahlreiche Zusammenwohnen in Dörfern, verbunden mit ihren gemeinschaft- lichen heidnischen Festen, hat gerade auch nicht die Civilisation beschleunigt. Nach amerikanischen Begriffen muss jeder Farmer so weit wie möglich von dem andern wohnen.

Die genannte Reservation ist Eigenthum des Stammes und hat man, so sehr es auch einige Indianer wünschen, eine Theilung der- selben noch nicht vorgenommen.

Ein freundlicheres Bild gewähren die theils am Traverse- und theils am Teufelssee wohnenden Sissetons und Wahpetons. Sie sind zusammen 2,500 Seelen stark und haben bis jetzt gegen 2000 Acker Land urbar gemacht. Sie erhalten Unterricht im Landbau und haben sich bis jetzt als sehr gelehrige Schüler gezeigt. In ihren Loghäusern findet man Stühle, Oefen und sonstige Möbel, und auf ihren Ländereien sieht man Erntemaschinen und andere, selbst bei den weissen Ansiedlern seltene landwirthschaftliche Geräthe. Sie haben eine Sägemühle und drei Schulen; eine derselben ist eine Industrieschule, die besonders für die Mädchen von grosser Wichtig- keit ist, da sie darin nähen, stricken, flicken und kochen lernen. Abends wird in dieser Anstalt gesungen und musicirt, was nicht wenig dazu beiträgt, das Vorurtheil gegen das Schulwesen zu brechen. Der Sonntag gilt als allgemeiner Ruhetag; in ihren sechs Kirchen wird von eingebornen Geistlichen gepredigt, welche der thätige Missionär Dr. Riggs ordinirt hat. Ihre alte Methode, die Körper der Todten in Matten zu nähen und an Bäume zu hängen, haben sie ganz aufgegeben; sie legen sie nun in Särge und verscharren sie in die Erde. Auch die Polygamie ist selten geworden. Heidnische Tänze und andere ähnliche Festlichkeiten werden nur noch heimlich in der Umgegend der Reservation abgehalten.

Die Sissetons und Wahpetons am Teufelssee — das bisher Gesagte gilt hauptsächlich von den Bewohnern der Lake Traverse Reservation — beschäftigen sich ebenfalls erfolgreich mit Ackerbau und Viehzucht. Ihre Agentur steht unter der geistigen Leitung der Katholiken, die daselbst eine Industrieschule errichtet haben, in welcher sich vier Nonnen vom Orden der grauen Schwestern nützlich machen. Eine derselben fungirte im Jahre 1877 zugleich als officielle Doctorin der Medicin. Für jene Schule zahlt die Regierung jährlich 1,250 Dollars.

Die 700 Seelen zählenden Poncas jenes Territoriums wohnen noch ausschliesslich in Zelten und hat sie die Heuschreckenplage auf lange Zeit, wie es scheint, von der Bebauung des Bodens abgeschreckt.

Die Arickaris, Gros Ventres und Mandans, über die eine genaue Statistik nicht existirt, wohnen in der Umgegend von Fort Berthold. Die Regierung verausgabt jährlich 75,000 Dollars zu ihrem Besten und lässt wöchentlich Rationen von Lebensmitteln unter sie vertheilen, was übrigens ihr Interesse am Landbau nicht befördert. Die älteren Leute daselbst sind der Civilisation gänzlich abgeneigt; sie wohnen noch in Tepees, wie sie ihre mit Büffelhäuten behängten Zelte nennen, und Holzhäuser sind eine seltene Erscheinung. Trotzdem sie beständig durch die Weissen ihrer Nachbarschaft unsäglichen Unbilden ausgesetzt sind, so verhalten sie sich doch sehr friedlich und nehmen nur in seltenen Fällen Rache. Vom Christenthum wissen sie nichts und die heidnischen Gebräuche ihrer Medicinmänner stehen noch in hohem Ansehen. Ihren Todten, die sie in Tücher wickeln und auf hohe Gerüste legen, geben sie Pfeife und Tomahawk mit, um im Lande der Geister davon Gebrauch machen zu können.

Auf der Cheyenne-River-Agentur, ungefähr sechs Meilen vom Fort Sully, wohnen die Blackfeet, Two Kettle und einige andere zur Dakota-Nation gehörenden Stämme. Sie treten ziemlich feindselig und herausfordernd auf und wollen vom eigentlichen Arbeiten nichts wissen. Im Jahre 1876 wurden ihnen durch die Bundestruppen ihre überflüssigen Pferde und Waffen abgenommen, um sie an den häufigen Kriegs- und Raubzügen zu verhindern. Die Pferde wurden verkauft und für den Erlös Vieh angeschafft, um den Indianern Interesse an der Viehzucht beizubringen — eine Massregel, die damals in den öffentlichen Blättern scharf kritisirt wurde, die aber sicherlich gerechtfertigt war. Jene Agentur steht unter Aufsicht der Episcopalkirche, die daselbst mit Unterstützung der Regierung drei Missionsstationen nebst Schulen unterhält.

Die zur Crow-Creek-Agentur gehörenden Yanktonnais sind bis jetzt von der Cultur unberührt geblieben. Sie stehen noch unter dem alleinigen Einflusse ihrer Medicinmänner, treiben Vielweiberei und verkaufen ihre Frauen. Die Kirchen und Schulen auf jener Reservation haben bis jetzt so gut wie gar nichts gewirkt.

Die Indianer der Flandreau-Agentur sind so ziemlich die vorgeschrittensten der Dakotas; sie sind steuerzahlende Bürger und verstehen es trefflich von dem Stimmrechte vortheilhaften Gebrauch zu machen. Viele von ihnen besitzen ihr eigenes Land, auf welches sie sich recht wohnliche Häuser gebaut haben; ihre zwei Kirchen besuchen sie fleissig. Sie kleiden sich wie die Weissen und verstehen die Kunst des Lesens und Schreibens.

Die Bewohner der Brulé-Agentur sind noch weit von der Civilisation entfernt. Mat hat ihnen zwar einige Schulhäuser gebaut, aber dem eigentlichen Zwecke derselben haben sie bis jetzt noch nicht die gebührende Aufmerksamkeit geschenkt. Dasselbe gilt im Allgemeinen von der Red-Cloud-Agentur. Wie haarsträubend übrigens jene Indianer von ihren Agenten behandelt werden, darüber giebt eine Broschüre des Prof. Marsh von Yale College zuverlässige Auskunft. Jener Gelehrte hatte im Jahre 1875 eine wissenschaftliche Excursion nach jener Gegend unternommen und war bei dieser Gelegenheit von dem ihm freundlich gesinnten Häuptling Rothwolke (Red cloud) ersucht worden, die an jenem Stamme begangenen Schwindeleien dem Präsidenten der Vereinigten Staaten darzulegen. und dies hat denn auch der Professor ohne Furcht und Scheu in einer Weise gethan, für die ihm alle Achtung gebührt. Prof. Marsh erklärte in jener Broschüre offen, dass er weder an die redliche Absicht des Ministers des Innern, noch an die des Indianer-Commissionärs, auffallende und ihnen bekannte Uebelstände zum Besten der Rothhäute zu beseitigen, glaube; wenigstens hätten sie zu diesem Zwecke nie Anstalten getroffen. Der Agent ward von Red Cloud nicht allein der Unfähigkeit für seinen Posten, sondern auch des gröbsten Diebstahls beschuldigt. Derselbe hatte nämlich die Zahl der Indianer stets zu hoch angegeben, um recht viele Provisionen zu erhalten, die er natürlich für den eigenen Gebrauch verwandte. Vieh, Fleisch, Taback und sonstige Güter, die er seinen Mündeln lieferte, waren immer von der allerschlechtesten Qualität, so dass kaum der zehnte Theil davon gebraucht werden konnte. Im Contracte zur Beförderung jener Güter war der Weg um hundert Meilen zu lang angegeben und natürlich dafür der Regierung die entsprechenden Frachtkosten angerechnet worden. Dem Professor wurden Proben von dem gelieferten Mehl, Kaffee, Zucker, Taback u. s. w. mitgegeben, um sie dem Präsidenten zeigen zu können. Ferner erklärte Marsh, dass er noch von zahlreichen anderen Betrügereien gehört habe, aber er halte sich zur Aufrechthaltung seiner Anklagen nur an die, von denen er sich persönlich überzeugt habe. Damals stand nämlich der sogenannte Indianer-Ring in höchster Blüthe und die Schwindelei war nicht allein in jenem Departement, sondern in allen Zweigen der Verwaltung an der Tagesordnung; suchte doch Präsident Grant schon damals die nöthigen Fonds für seine spätere kostspielige Reise um die Welt aufzutreiben.

Die Indianer der Standing-Rock-Agentur haben zwei unter Aufsicht der Benedictiner stehende Schulen; ihr Fortschritt im Ackerbau ist leider noch unbefriedigend.

Zu den vier Agenturen Montana's gehören die Blackfeet, Assinaboines, Flatheads u. s. w., die zusammen über 30,000 Seelen zählen und jenes Territorium seit undenklichen Zeiten bewohnen. Die Blackfeet, Bloods und Piegans werden von Häuptlingen nach Gesetzen regiert, die in einer öffentlichen Rathsversammlung angenommen worden sind. Vor mehreren Jahren wurden sie zur Strafe für ihre beständigen Angriffe auf das Leben und Eigenthum der Weissen von den Truppen des Col. Baker schwer gezüchtigt, und zwar zu schwer, wie man damals allgemein glaubte; aber jene Züchtigung hat sehr gute Früchte getragen, denn sie haben seither ihrer Mordlust nicht mehr gefröhnt. Im Ackerbau sind sie leicht begreiflich noch sehr weit zurück. Die Missionäre haben auch bis jetzt nichts Nennenswerthes' für sie gethan; auch sieht's mit ihrem Schulwesen noch äusserst traurig aus.

Die Bewohner der Crow-Agentur sind beständig den Chicanen der fahrenden Bergleute und der Viehhändler ausgesetzt, welch' letztere die Heerden durch ihr Land treiben, trotzdem dies das Gesetz mit einem Dollar Strafe für jedes Stück Vieh belegt. Jene Indianer besitzen sehr viele Pferde, die im Verkehr ihr Gross- und Kleingeld bilden. Ihr Land eignet sich infolge ausgezeichneter Wiesen trefflich zur Viehzucht; auch ist das Klima derart, dass das Vieh im Freien überwintern kann. In ihren ausgedehnten Jagdgründen giebt es noch viel Wild, was die Bewohner leider vom Bebauen des Bodens abhält. Sie haben eine Schule und ein Asyl für verwahrloste Kinder. Den Weissen sind sie freundlich gesinnt, wofür sie von den Soldaten mit ansteckenden Krankheiten belohnt werden.

Die Flathead-Agentur, die an einem Nebenflusse des Jocko-Stromes liegt, steht unter Aufsicht der Katholiken, die daselbst eine Schule, ein Kloster und ein grosses Wohnhaus für Missionäre errichtet haben. Das hauptsächlich von den Pend-d'Oreille-Indianern bewohnte und urbar gemachte Thal ist äusserst fruchtbar und an Naturalquellen fast unerschöpflich. Die Seen und Flüsse wimmeln voller Fische und auch die Jagd ist sehr ergiebig. Jene Indianer sind ruhige, gesittete Leute, die grosses Interesse am Schulwesen nehmen.

Im Territorium Wyoming wohnen ungefähr 2000 der östlichen Schoschonen und der nördlichen Arrapahos, die sich trotz des herrlichsten Landes äusserst wenig mit dem Ackerbau beschäftigen und fast beständig in blutigen Fehden mit den Sioux und Cheyennes verwickelt sind, weshalb sie sich auch stets bereit zeigen, den Bundestruppen gegen jene wilden Völker beizustehen.

In Idaho befinden sich ausser einigen kleineren Banden die Nez Percés, eine Abtheilung der Schoschonen und die wilden, heimtückischen Bannocks. Die Nez Percés sind unstreitig die vorgeschrittensten und friedlichsten Indianer dieses Territoriums; sie haben zwei Schulen und sind dem Ackerbau nicht abgeneigt.

Die Eingeborenen Colorado's, wie die Utes, Los Pinos u. s. w. sind rohe, schmutzige Gesellen, die allen erdenklichen Lastern ergeben sind. Ihre Kleider tragen sie so lange, bis sie ihnen vom Leibe fallen; Vielweiberei und Ehebruch sind an der Tagesordnung und Spielen ist ihre liebste Beschäftigung. Häuser besitzen sie nicht; und dieselben hätten auch schon deshalb keinen Werth für sie, weil sie selten länger als zwei Wochen an einem Platze verweilen.

In Neumexiko sind ausser einigen Banden der Apatschen, Pueblos u. s. w. hauptsächlich die Navajos vertreten. Dieselben sind seit einiger Zeit etwas friedfertiger geworden und haben sich mit grosser Vorliebe auf die Zucht der Schafe und Ziegen verlegt. Die Apatschen hingegen sind immer noch die alten, zuchtlosen Bluthunde, die ohne die Nähe der Bundestruppen längst alle Weissen jener Gegend mit Stumpf und Stiel ausgerottet hätten.

Die Pueblos — so genannt, weil sie von jeher in Dörfern beisammen wohnten — sind der Ueberrest einer einst grossen und mächtigen Nation, die sich in Sitten und Sprache wesentlich von den anderen Aboriginern Amerika's unterscheiden. Im 16. Jahrhundert wurden sie von den Spaniern besiegt, die ihnen, nachdem sie ihrer Gewohnheit zufolge in ihren Ansiedlungen grässlich gewirthschaftet hatten, Schulen errichten und Unterricht in der katholischen Religion ertheilen liessen. Als späterhin Mexiko unabhängig wurde, bekümmerte sich Niemand mehr um sie; heute aber sind sie noch berühmt wegen ihres Fleisses, ihrer Mässigkeit und Gelehrigkeit. Gegenwärtig zählen sie 8000 Seelen, die in 17 Dörfern wohnen. Die Beamten derselben werden jährlich gewählt; nur der Cacique oder Hohepriester begleitet sein Amt so lange er lebt.

Die Indianer, welche sich auf der Uintah-Valley-Reservation in Utah befinden, sind ruhig und fleissig; ihr Reichthum an Vieh nimmt in erfreulicher Weise zu und damit wächst zugleich ihre Lust am Ackerbau. Ihre Schule kann sich jedoch keiner günstigen Resultate rühmen.

Die Pimas und Maricopas am Gila-Flusse in Arizona leben fast ausschliesslich vom Landbau, der ihnen aber durch die öfters eintretende Dürre und die weisse Einwanderung schon so oft verbittert worden ist, dass sich viele gezwungen sahen, ihre Reservation zu verlassen. Die dort ebenfalls wohnenden Papagos gleichen in allen Dingen den Pueblos.

Die Pah-Utes von Nevada, die gegen 6000 Seelen zählen, entwickeln sich in viel versprechender Weise und es ist die beste Aussicht vorhanden, dass sie in kurzer Zeit selbstständig werden. Die dort wohnenden Bannocks wissen selten etwas Besseres zu thun, als die friedlichen Stämme zum Kriege zu reizen.

Im Territorium Washington befinden sich folgende Stämme: Nisqually, Puyallup, Makahs, Klallams, Chebalis u. s. w., zusammen gegen 14,000. Sie sind bereits zu der Ueberzeugung gekommen, dass sie zu einer anderen als ihrer bisherigen Beschäftigung greifen müssen, wenn sie an ihrem gegenwärtigen Wohnorte bleiben wollen. Viele haben sich daher auch schon bequemt, bei weissen Farmern zu arbeiten und den Pflug in die Hand zu nehmen. Die Jesuiten haben dem Anscheine nach festen Fuss unter ihnen gefasst; doch findet man auch Anhänger einiger protestantischen Secten unter ihnen. Die Makahs sind noch am meisten ihren alten Gewohnheiten getreu geblieben und haben sich bis jetzt noch wenig von den Weissen beeinflussen lassen. Ihre Hauptbeschäftigung bestand von jeher im Fischen in dem sie eine erstaunliche Fertigkeit besitzen. Sie sind übrigens äusserst friedfertiger Natur und legen selten den dortigen Ansiedlern Hindernisse in den Weg.

In Oregon befinden sich die Umatillas, Walla-Wallas, Cayuses, Wascos, Alseas, Modocs, Klamaths u. s. w., die auf sechs Reservationen vertheilt sind. Die Bewohner der Grand-Ronde-Reservation zeigen grosse Ausdauer im Landbau und pflanzen hauptsächlich Weizen und Hafer, wofür sich ihr Land vortrefflich eignet; sie besitzen Pferde, Schweine, Schafe und zahlreiche andere Hausthiere. Früher arbeiteten sie auch für weisse Farmer, aber neuerdings sind sie davon durch die billiger schaffenden Chinesen abgehalten worden. Die Klamaths besitzen eine für den Ackerbau ungeeignete Reservation, auf der man wegen der Strenge des Winters und der Trockenheit des Sommers nur alle vier Jahre auf eine lohnende Ernte hoffen kann.

Die Bewohner der Malheur-Reservation sind schwer zu controliren; sie sind diebisch, heimtückisch und leicht zu Aufständen zu bereden. Die Indianer der Warm-Spring-Agentur hingegen sind auf dem besten Wege zur Civilisation. Als sie einst aufgefordert wurden, im Kriege gegen die Bannocks als Spione zu dienen, erwiderten sie, ihre neugelernte Religion verbiete es ihnen; ausserdem seien sie auch für ihre Dienste im Kriege gegen die Modocs von der Regierung zu schlecht behandelt worden.

Nachdem wir so im Vorstehenden eine gedrängte Uebersicht der über die Union zerstreuten Indianerstämme geliefert und gezeigt haben, welche Fortschritte einige derselben bereits gemacht, können wir nun zum Schlussresumé schreiten und diejenigen Punkte betrachten, in denen nach amerikanischer Anschauung die „indianische Frage" besteht.

Dass die Indianer civilisationsfähig sind, unterliegt keinem Zweifel; aber ob auch stets die zweckentsprechendsten Mittel angewandt und dabei mit dem nöthigen sittlichen Ernst gehandelt worden ist, kann schon weniger bejahend beantwortet werden. Aus zwei Gründen hat man sich an den Glauben gewöhnt, es verlohne sich nicht, die wilden Stämme zu civilisiren; erstens glaubte man, sie seien im Aussterben begriffen und zweitens seien ihre Fortschritte viel zu langsam. Ersteren Punkt haben wir bereits erledigt; was der zweiten anbelangt, so ist der Uebergang vom wilden zum civilisirten Leben leicht begreiflich ein langsamer, und der Amerikaner ist sonst gewöhnt, dass Alles mit Riesenschritten vorwärts gehe. Wenn man überhaupt den meisten Amerikanern ins Herz blicken und ihre wahre Ansicht über die Indianer erfahren könnte, so dürfte wohl der Wunsch, jene Völker so bald wie möglich vom Erdboden verschwunden zu sehen, sich als der allgemeine herausstellen. Zartgefühl in diesen Dingen ist aber nicht die starke Seite der Yankees; der Indianer ist ihm einfach im Wege, und je schneller er beseitigt wird, desto besser. Dass demselben dieses Land früher zum Eigenthum gehörte, daran lässt er sich ebenso ungern erinnern, als an die historische Thatsache, dass seine Vorfahren als Verbrecher von England nach Amerika gesandt wurden.

Der Humanist aber denkt: jene Urvölker sind von ihren rechtmässigen Besitzungen gedrängt und ihre Jagdgründe sind in blühende Ansiedlungen verwandelt worden; dadurch ist ihnen aber die Möglichkeit genommen, sich auf ihre bisherige Weise ernähren zu können. Es ist daher nicht mehr wie billig, dass ihnen dafür ein Ersatz geboten wird. Jedes Jahr werden neue Landstrecken besiedelt, was unseren Nationalreichthum vermehrt, den Indianer aber immer ärmer macht. Er muss daher entschädigt werden und dies geschieht am besten dadurch, dass wir ihm die Wege zeigen, sich in die veränderte Lebensweise finden und sich so vor dem Untergange retten zu können.

Die Indianer müssen vor allen Dingen zu der Ueberzeugung gebracht werden, falls sich ihnen diese noch nicht durch traurige Erfahrungen aufgedrungen hat, dass, wer nicht arbeitet, d. h. arbeitet nach civilisirten Begriffen, auch nicht essen soll. Wendet man nun hier nicht die passendsten Mittel an, geht man nicht mit der äussersten Vorsicht zu Werke und tritt man ihren angestammten Vorurtheilen zu schroff gegenüber, so fordert man ihren Trotz heraus und macht die Männer zu Pferdedieben, Räubern und Mördern, und die Frauen zu Wahrsagerinnen und noch Schlimmerem.

Fähig zur Civilisation sind sie ohne Frage; einige Stämme haben darin ausserordentlich schnelle, die anderen hingegen kaum merkliche Fortschritte gemacht, trotzdem sie vielleicht dieselbe Zeit unter der Aufsicht der Regierung gestanden haben. Aber dies hat seine leicht erklärliche Ursache. Einige Stämme, wie z. B. die civilisirten des Indianer-Territoriums, genossen den Vortheil, lange Jahre an einem

und demselben Orte wohnen zu können. Andere aber, trotzdem
ihnen die Bundesregierung ein Stück Land feierlich „für alle Zeiten"
zugesichert hatte, mussten, sobald sich die weissen Ansiedler auf
jenem Gebiete ohne Erlaubniss festgesetzt hatten, den Wanderstab
ergreifen und sich einen anderen Wohnsitz anweisen lassen. Sie
wirklich zu beschützen, fiel der Regierung nicht im Traume ein.
Eine Regierung aber, welche ihre Mündel drängt, ihre Rechte auf-
zugeben, und zwar so drängt, dass ein Nichteingehen auf die dictirten
neuen Bestimmungen, die sicherste Veranlassung wäre, um einen
Vertilgungskrieg vom Zaune zu brechen, kann sicherlich nicht mit
Recht hoffen, dass ihr grosses Vertrauen entgegengebracht wird;
denn sie selbst ist es gerade, die durch systematisches, jahrelanges
Missachten garantirter Rechte die Zündstoffe anhäuft, deren Explosion
später hunderte von friedlichen Heimstätten zerstört und Tausenden
von Ansiedlern das Leben kostet. Wenn sich trotz alledem die Civilisation bei den Indianern Bahn gebrochen hat, so ist dies ein
schlagender Beweis, dass sie für dieselben empfänglich sind und dass
sie noch erfreulichere Fortschritte gemacht hätten, wenn nur die rechten
Mittel angewandt worden wären.

Kriegerische, blutdürstige und mächtige Stämme haben in verhältnissmässig kurzer Zeit ihren ursprünglichen Charakter und ihre
frühere Lebensweise so auffallend geändert, dass sie es nun in Bezug
auf Bildung und Erziehung ruhig mit deutschen Dorfbauern aufnehmen
können. Früher arm, sind sie durch sauren Fleiss und ehrliche
Arbeit zu einem solchen Grade von Wohlhabenheit gelangt, der ihnen
wenigstens ein sorgenfreies Dasein sichert. Andere Indianer, deren
Grossväter noch unter Pontiac die Stadt Detroit belagerten und die
Engländer mit der schrecklichsten Grausamkeit behandelten, besitzen
jetzt alle Bürgerrechte und sind wählbar für die höchsten Aemter,
welche die Republik zu vergeben hat. Trotzdem aber giebt es noch
immer Leute, die in dem militärischen Sprichwort, der einzig gute
Indianer sei ein todter, die richtigste Lösung der betreffenden Frage
erblicken. Sie betrachten die Indianer ungefähr so, wie die südlichen
Barone die Neger. Sie beurtheilen die Rothhäute nach den allerschlechtesten derselben. Wenn ein Reisender ein fremdes Land
lediglich nach den Beobachtungen, die er im Hotel und auf der
Strasse gemacht, beurtheilt, also alle Bewohner Blutsauger, Speichel-
lecker und Flegel nennen wollte, weil er gerade nur mit derartigen
Subjecten in Berührung kam, so würde er sicherlich keine gerechte
Charakteristik liefern. Wenn ein Bewohner von Arizona von Indianern
redet und denselben alle edlen Eigenschaften abspricht, so hat er
dabei eigentlich nur die wilden Apatschen seiner Gegend im Auge.
Schickt ein Missionär einen Bericht an seine Kirche, so stellt er
natürlich Alles im rosigsten Lichte dar und schreibt alle Cultur seinem
christlichen Einflusse zu. Der Norden liest dies und zieht daraus
den Schluss, dass es nur an den Weissen, besonders an den Beamten

der Regierung liegt, wenn ein Stamm so unverzeihlich weit hinter dem andern zurückbleibt; man kann nicht begreifen, warum z. B. die Tscherokesen und Choctaws Christen geworden sind, Kirchen, Schulen und Waisenhäuser besitzen, währenddem andere Stämme in demselben Territorium noch im Urzustande leben und noch alle Unsitten ihrer Vorfahren unverfälscht besitzen.

In den Vereinigten Staaten befinden sich ungefähr 60,000 wilde Indianer, vielleicht noch einige mehr. Doch muss hier bemerkt werden, dass zahlreiche Stämme, wie z. B. in Minnesota, Michigan, Wisconsin u. s. w. nur deshalb das Kriegsbeil vergraben haben, weil sie sehr gut wissen, dass ein feindliches Auftreten unstreitig ihr Verderben wäre. Wohnten sie hingegen in einer weniger besiedelten Gegend, so würden sie sich sicherlich nicht so friedfertig zeigen.

Wie merkwürdig schnell sich mitunter der indianische Charakter ändert, davon noch ein interessantes Beispiel. Im Jahre 1838 berichtete der Agent der Arickaris oder Riccaras am oberen Missouri-Flusse Folgendes:

„Die Riccaras sind lange wegen ihrer Falschheit und Barbarei berüchtigt gewesen; so weit wie meine Beobachtung geht, haben sie mehr Personen beraubt und ermordet, als alle anderen Stämme zwischen der westlichen Grenze Missouris und den Quellen des Columbia-Flusses."

In dem Berichte des Indianischen Bureaus aus demselben Jahre steht auf Seite 64 zu lesen: „Keine Nation zeigte jemals grössere Freundschaft gegen die Weissen und höhere Achtung für die Gesetze unserer Regierung, als die Sioux." Heute nun zeigen sich die der letztgenannten Familie angehörenden Indianer als die gefährlichsten und feindseligsten Subjecte, wohingegen die Arickaris zu den Freunden und Alliirten der Bundesregierung gehören. Gen.-Lieut. Sheridan schreibt aus dem Jahre 1871 über die letzteren, die sich nun in der Umgegend von Fort Berthold befinden: „Sie sind immer höflich und friedlich gewesen, wofür sie von der Regierung mit Vernachlässigung und Vorenthalten der Nahrungsmittel belohnt worden sind. Von allen Indianern des Landes verdienen sie es am meisten, dass man sich ihrer annimmt und sie glücklich und zufrieden macht."

In dieser schnellen Veränderlichkeit des Charakters der Indianer liegt zugleich eine nicht zu unterschätzende Schwierigkeit für die Regierung, stets die Wahl rechter Mittel zu treffen, sie zu civilisiren.

Zu den Indianern, die bis jetzt noch streng militärisch bewacht werden müssen, gehören die Sioux von Dakota, die Stämme von Montana, Arizona und Oregon und diejenigen, welche an der Grenze von Texas, und dem indianischen Territorium wohnen. Ihre Civilisation oder ihr Untergang ist einfach eine Frage der Zeit. Wenn sich die Ansiedlungen der weissen Pioniere in ihrer unmittelbaren Nachbarschaft in der bisherigen Weise vermehren, so dass die Indianer im tiefsten Frieden fest umzingelt werden und sie fühlen, dass jeder

beabsichtigte Aufstand schnell unterdrückt werden kann, dann finden
sie auch aus, dass es besser ist, sich in das Unvermeidliche zu
fügen und die ihnen angebotenen Mittel zur Civilisation ruhig anzunehmen. In dieser Hinsicht bilden Dampfboote und Eisenbahnen
äusserst wichtige Factoren, jenen Uebergang zu beschleunigen.

Die grössten Entfernungen sind durch diese Verkehrsmittel zu
kleinen Strecken zusammengeschrumpft; sie tragen heute friedliche
Ansiedler in Gegenden, in die sich vor 20 Jahren ihr Fuss nicht
gewagt hätte; aber immer weiter ohne Ruh und Rast dringen die
Pioniere, angezogen von der Hoffnung auf Gold und andere Schätze,
vor. Sie dringen in die entlegensten Schluchten und Gebirge; ver-
fällt einer dem Scalpirmesser, so lässt sich deshalb doch kein andrer
abschrecken. Die Gefahr hat ihre eigenthümlichen Reize; ein Ro-
mantiker aber ist der amerikanische Pionier nicht, wenn auch seinen
Erlebnissen zuweilen ein romantischer Anstrich gegeben wird. Er
ist ein Abenteurer, aber ein äusserst praktischer. Da, wo er ein-
sieht, dass er gegen seine natürlichen Widersacher, die Indianer,
nichts mit Gewalt ausrichten kann, da versteht er es trefflich, den
humanen Gentleman zu spielen und sich friedlich mit ihnen abzu-
finden. Zu dem, was er auf diese Weise erlangt, kommt er offenbar
auch billiger, als wenn er es mit den Waffen in der Hand erzwungen
hätte. Im Kriege gegen die Cheyennen im Jahre 1864 kostete jeder
durch die Armee erschossene Indianer dem Kriegsdepartement fast
eine Million Dollars und ausserdem verloren Hunderte von Soldaten
und Ansiedlern ihr Leben dabei. Civilisiren ist da sicherlich billiger
als tödten. Um 2500 Seminolen in Florida zu unterdrücken, hatten
die Vereinigten Staaten eine Rechnung von 50 Millionen zu bezahlen.

Verträge zu schliessen, ist also das billigste Verfahren. Ein
Stamm räumt alsdann den Weissen sein Land zur Besiedlung ein
und lässt sich auf eine Reservation bringen, wo ihm Schulen und
Werkstätten erbaut werden, wo ihm ein Farmer landwirthschaftlichen
Unterricht ertheilt und wo ein Agent darauf sieht, dass die Annuitäten
zur rechten Zeit an Ort und Stelle sind.

Die Regierung hat alsdann ihren Theil des Vertrages erfüllt;
ob aber auch der Indianer Lust hat, die ihm gebotene Gelegenheit,
sich zu civilisiren, zu benutzen, ist eine andere Frage. Vielleicht
stellt er sich an den ihm gelieferten Pflug und spannt mit Mühe
und Noth sein wildes Pferdchen davor; er lässt sich auch vielleicht
zeigen, wie man gerade Furchen zieht, aber bald schlägt sein Pferdchen hinten und vorne aus, zerreisst die ungewohnten Fesseln und
läuft auf und davon. Dann geht der Indianer wieder jagen und
fischen und um die Werkstätten seiner Reservation bekümmert er
sich nur dann, wenn er seine alte Flinte reparirt haben will. So
geht's sehr oft und die Regierung giebt ihr Geld für Nichts aus.

Die Regierung verspricht fernerhin dem Indianer, dass er auf
seinem Lande frei und ungehindert wohnen könne; aber hat sie auch

die Macht, diesen Paragraphen ausführen zu können? Man vergegenwärtige sich nur die ungeheure Ausdehnung und die noch nicht genau bestimmten Grenzen einer uncultivirten Reservation, und man erinnere sich fernerhin des unaufhaltsamen Vordringens verwegener Abenteurer, die es so trefflich verstehen, allen Gesetzen ein Schnippchen zu schlagen, und man wird die Macht der Regierung, welche nicht die geringste Lust hat, neben jeden Baum der Wildniss einen Soldaten zu stellen, sicherlich bezweifeln müssen.

Es ist eine unbestreitbare Thatsache, dass das Land, das einen jagenden und fischenden Indianer ernährt, Hunderttausenden Landbebauern den nöthigen Lebensunterhalt liefert, und hätte man jenen verwegenen Pionieren ihr gefährliches Handwerk von jeher im Interesse einer für die Civilisation entbehrlichen Rasse gelegt, so wäre heute noch ein grosser Theil des amerikanischen Continentes unbesiedelt.

Die Entwickelungsgeschichte der Menschheit hat zu allen Zeiten übereinstimmend gezeigt, dass, wo ein civilisirtes Volk mit einem uncivilisirten in Contact kam, letzteres weichen musste, und dass es stets am klügsten handelte, wenn es unter den obwaltenden Umständen die Wahrheit des Göthe'schen Spruches   .

> „Wenn der Ueberwund'ne klug ist,
> Gesellt er sich zum Ueberwinder"

beherzigte.

Verträge mit Indianern werden von den Commissären des indianischen Bureaus und den bevollmächtigten Häuptlingen genau Paragraph für Paragraph durchgesprochen, wobei jene Indianer von der Ansicht ausgehen, dass die Vertreter der Vereinigten Staaten mit derselben Vollmacht, wie sie, ausgerüstet seien. Dem aber ist nicht so; denn jene müssen die betreffenden Verträge erst dem Congress zur Begutachtung vorlegen: derselbe krittelt und mäkelt dann eine Zeitlang daran herum und modificirt und streicht nach Gutdünken. Wenn sich später einmal der Indianer auf diesen Vertrag berufen will, so wird ihm einfach zur Antwort, derselbe sei geändert worden. Dies erhöht natürlich das Vertrauen des Indianers in die Bundesregierung nicht und er gewöhnt sich daran, in Jedem, der einen Vertrag mit ihm abschliessen will, einen gemeinen Betrüger zu sehen.

Fernerhin ist eine unbestreitbare Thatsache, dass Strassen und Eisenbahnen durch Ländereien gebaut wurden, die den Indianern laut Vertrag gehörten und auf denen sie in Ruhe gelassen werden sollten. Dies geschah sogar mit der ausdrücklichen Erlaubniss des Congresses und mit von ihm dazu bewilligten Geldern. Wurden jene Strassen auch ursprünglich nur unter dem Vorwande angelegt, die Verbindung mit entfernten militärischen Posten herzustellen, so waren sie doch zu gleicher Zeit offen für Jedermann. Denselben ziehen vorzugsweise die Ansiedler nach, denn sie wissen, sie haben im Falle der Noth Schutz von den Soldaten zu erwarten. Da nun die Indianer darin einen

Contractbruch erblicken, so nehmen sie öfters die Wahrung ihres Rechtes selber in die Hand und metzeln die fremden Eindringlinge einfach nieder. Darnach aber geht das Geschrei in den Zeitungen los und allgemein wird eine exemplarische Züchtigung der rothen Bluthunde verlangt. Nachdem dies geschehen und die Hälfte des Stammes niedergemacht ist, wird dem Ueberrest ein neuer Vertrag dictirt und so geht es fort. Jeder neue Vertrag aber ist für den Agenten eine wahre Goldgrube.

So wird der wilde Indianer gezwungen, den weissen Eindringlingen allmählich seine ganze Heimath zu überlassen. Mächtige Stämme, die früher das Land zwischen den Allegheny-Bergen und dem Mississippi beherrschten, fristen jetzt, d. h. die wenigen derselben, die noch übrig sind, ihr Dasein im Indianer-Territorium und in der Gegend des oberen Missouriflusses; ihre Geschichte sollte mit Blut geschrieben werden, denn sie strotzt von den scheusslichsten Gräueln. Ob sie dort ungestört bleiben werden, scheint sehr fraglich zu sein; denn es wird nicht mehr lange dauern, so durchschneiden die Eisenbahnen jenes Territorium nach allen Richtungen, trotz der Verträge, in denen dies streng verboten ist.

Die wichtigste und verantwortlichste Person auf einer Reservation ist der von der Regierung angestellte Agent. Jene Beamten haben nie in einem guten Rufe gestanden und Spitzbube und Indianeragent werden als identisch angesehen. Er wohnt an einem abgelegenen Orte und wird nur gelegentlich von Soldaten und Fuhrleuten, welche· Provisionen bringen, besucht. Er ist mithin gegen alle Spionage gesichert und seine Schutzbefohlenen sind meistens zu dumm, um seine Betrügereien in ihrem ganzen Umfange zu ahnen. Finden sie es aber wirklich aus, so ist es fast eine Unmöglichkeit, die Klage gehörigen Ortes anzubringen. Welche fabelhafte Schwindeleien aber auch dann noch begangen werden, nachdem ausnahmsweise eine Untersuchung eingeleitet worden ist, davon nur zwei Beispiele:

In der Indianer-Agentur zu Standing Rock war ein gewisser Burke als Agent der Regierung thätig. Er gab in seinen Berichten an, dass er 7000 Indianer mit Proviant u. s. w. zu versehen habe. Demzufolge erhielt er auch Rationen für 7000 Mann und wusste die empfangenen Waaren natürlich recht gut zu verwenden. Nun aber wurde durch einen Kapitän der Armee, welcher in Standing Rock stationirt war und sich die Mühe genommen hatte, die Indianer mehrere Male zu zählen, festgestellt, dass im Ganzen nur 2700 Indianer von der Agentur zu versorgen sind. Burke verwandte also die Provisionen, welche mit ungeheurem Kostenaufwand, mehr wie tausend Meilen weit von Chicago aus nach dem Westen· versandt werden mussten, im eigenen Interesse. Der Mann konnte bald reich werden, denn er bezog Rationen für 4300 Indianer, die gar nicht existirten.

Ein andere Geschichte. Im Jahre 1860 verwandte Dr. W. im

Kattancing District in Pennsylvanien seinen Einfluss dazu, um die Wahl des achtbaren John Couch in den Congress zu sichern. Der achtbare Couch war dankbar und verschaffte seinem Gönner eine Indianeragentur. Da der Krieg begann, so wurden die Indianer von der Bundesregierung vernachlässigt, und die Agenten durften thun, was ihnen gefiel. Der Doctor wirthschaftete mit den Sioux auf eine gräuliche Weise.

Die Klagen gegen ihn wurden endlich so laut, dass die Regierung eine Commission schickte, um die Zustände beim Doctor zu untersuchen. Er bekam davon Wind. Flugs bestellte er sich einen ihm bekannten Bummler der Prairien, der unter dem Namen „Buffalo Joe" bekannt war, gab ihm 50 Doll., befahl ihm nach Yankton zu gehen, wo die Commissäre demnächst eintreffen sollten, sich mit ihnen zugleich als Passagier für die Postkutsche einschreiben zu lassen und unterwegs die Commission zu veranlassen, ihn zum Dolmetscher zu wählen. Joe befolgte die Instruction genau. Die Commissäre engagirten ihn, da er der Siouxsprache vollkommen mächtig war, hocherfreut schon unterwegs zu ihrem Dolmetscher gegen eine sehr anständige Bezahlung. Als die Agentur erreicht war, bewirthete der Doctor seine „Gäste" mit der grössten Liebenswürdigkeit. Endlich kam das Verhör. Die Häuptlinge, Joe, der schwarze Adler, der weisse Adler, der blaue Adler, der Mann, der sich vor einer Kuh fürchtet, der weisse Büffel, der sitzende Büffel und wie sie Alle hiessen, schilderten den Commissären in beredten Worten ihr Leid.

„Was haben sie gesagt?" fragten die Commissäre ihren amtlichen Dolmetscher, den biedern Joe.

„Well", antwortete derselbe, „sie meinen, dass sie mit ihrem Agenten sehr zufrieden sind. Er sei ein braver, tüchtiger Mann."

„Wir haben aber gehört, dass sie sehr unzufrieden sind", sagten die Commissäre. „Frage sie doch, ob sie einen Andern wollen."

„Ja, wir wollen einen Andern", sagten die Indianer. „Gebt uns, wen ihr wollt, nehmt nur diesen fort."

„Was haben sie gesagt?" fragten die Commissäre ihren Prairiejäger Joe.

„Sie möchten ihn um keinen Preis verlieren", sagte dieser. „Er ist der beste Agent, den sie jemals gehabt haben."

Der Doctor war so liebenswürdig, das Verhör so sehr zu seinen Gunsten, dass die Commissäre ihn gern im Amte liessen und nach Washington zurückkehrten. Der Doctor blieb Agent. Später wurde er zweimal in den Congress gewählt, sein Schwiegervater wurde unter Johnson Gouverneur des Territoriums, und jetzt ist der Doctor 300,000 Doll. „werth" und hat auf dem Missourifluss mehrere Dampfer.

Der Indianeragent hat einen verantwortlichen Posten; er ist an seinem Platze allmächtig, selten aber allweise. Er hat die Gebäude und Werkstätten in Ordnung zu halten, Proviant einzukaufen, die

Farmen zu überwachen, die Schulen zu inspiciren und dem Indianer-
Bureau in Washington Vorschläge zum Besten seiner Untergebenen
einzusenden. Es wird also viel von ihm verlangt; aber die Schwierigkeit, einen Mann zu finden, der diesen Anforderungen gewachsen ist,
ist übrigens nicht so gross, wie man bisher allgemein geglaubt hat.
Ein wirklich tüchtiger Indianeragent, der seine Stelle für nichts
Anderes als eine melkende Kuh hielt, ist allerdings bis jetzt eine
Seltenheit gewesen. Aber in den Reihen, aus denen man jene Beamten
in der Regel nahm und theilweise noch nimmt, nämlich aus den
Reihen professioneller und principloser Politiker, waren sie sicherlich
am schwersten zu finden. Eine solche Stellung gilt gewöhnlich als
fette Belohnung für geleistete Parteidienste; individuelle Fähigkeit
kommt natürlich dabei durchaus nicht in Betracht, denn der Amerikaner
huldigt mehr als ein anderer Mensch der Ansicht, dass mit dem Amte
sich auch zugleich der nöthige Verstand einfindet.

Im officiellen Report für 1865 ist bemerkt, dass von vier neu
angestellten Agenten nur einer lesen und schreiben konnte; alle
aber sind sicherlich in der Kunst, bei Wahlen Stimmen zu capern,
und in den Schlichen, aus ihrer Stellung während ihres Amtstermins
so viel herauszuschinden, dass sie späterhin die Hände ruhig in den
Schooss legen konnten, wohl bewandert gewesen. In dem Reporte
des Indianer-Bureaus vom Jahre 1877 empfiehlt z. B. ein solcher Muster-
beamter seinen siebenzehnjährigen Sohn als Musterfarmer und seinen
sechzehnjährigen Sprössling als dessen Assistenten; für den Ersten
erwartete er ein Jahrgehalt von tausend und für den Andern eins
von siebenhundert Dollars.

Als dieser Schwindel selbst einem Grant zu gross wurde, was
sicherlich für den Vater und Beschützer der Corruptionisten viel
sagen will, da liess er sich von kirchlichen Behörden Männer recht-
lichen und zuverlässigen Charakters für jene Aemter in Vorschlag
bringen. Es muss zugestanden werden, dass dadurch bessere Leute
in Amt und Würde kamen, als früher möglich gewesen war. Dass
Grant mit dieser Massregel allen amerikanischen „Staatsmännern"
— und jeder Winkelpolitiker ist ja bekanntlich ein grosser Staats-
mann — ein trauriges Armuthszeugniss ausstellte, scheint ihn nicht
weiter beunruhigt zu haben.

Von allen religiösen Denominationen Amerika's haben sich nun
unstreitig die sogenannten Quäker ohne die geringsten unlauteren
Nebenabsichten mit der Indianerfrage beschäftigt und bildet dieselbe
einen regelmässigen Gegenstand in ihren Jahresversammlungen. Als
sie im Jahre 1869 von Grant den Auftrag erhielten, Personen zu
ernennen, die sich zur Uebernahme von Indianeragenturen eigneten,
erliessen sie ein Circularschreiben, um Männer mit folgenden Eigenschaften ausfindig zu machen: 1) sollten sie ein gottergebenes Leben, das
sich allein auf die Macht und Weisheit Gottes und nicht auf Menschen
und Waffen verlasse, besitzen; 2) sollten sie fleissig, sparsam, milde

und gütig sein; 3) sollten sie mit der Kenntniss des Acker- und Gartenbaues ausgerüstet, die Errichtung neuer Gebäude beaufsichtigen und Schulen inspiciren können; 4) sollte ihnen die Gaben eigen sein, die Indianer derart zu beeinflussen, dass sie sich aus eigenem Antriebe dem Ackerbau und der Industrie widmeten; 5) sollten sie ehrlich und besonders in Finanzsachen zuverlässig sein.

Nachdem solche Personen ausfindig gemacht worden und der Senat die Anstellung derselben genehmigt hatte, wurden denselben sechs Agenturen im Staate Nebraska überwiesen, nämlich die Santee Sioux, Winnebago, Omaha, Pawni, Otoe und Nemaha-Agentur.*) Um nun ihrer Sache ganz gewiss zu sein und um ihren alten historischen Ruf der Ehrlichkeit, Treue und Philanthropie zu bewahren, beschlossen die Quäker, jene Agenturen jedes Jahr durch ein Inspectionscomité besuchen und sich Bericht erstatten zu lassen. Im ersten dieser Berichte finden wir Folgendes:

„Wir fanden die Mündel der Regierung in verwahrlostem Zustande; sie waren arm, ausgehungert, faul und schlecht gekleidet; auch waren nirgends die geringsten Anstalten getroffen, sie zum Arbeiten zu bewegen. Mehrere Familien wohnten zusammen in dunklen, schlecht ventilirten Hütten, wodurch Moral und Gesundheit untergraben wurden. Bei den Kindern zeigten sich Skropheln und Hautausschläge. Die Klage, dass die Regierung ihren Pflichten nicht nachgekommen sei, war allgemein. Deshalb wurde Folgendes beschlossen: 1) Die Gründung neuer Schulen, oder die Verbesserung der bestehenden; 2) Lehrer anzustellen, deren moralischer Einfluss die Tugend befördere; 3) auf allen Agenturen Sonntagsschulen zu errichten, in denen Religionsunterricht ertheilt werde; 4) wurde vorgeschlagen, allen Indianern auf ihren eigenen Wunsch ein Stück Land als Eigenthum zu überweisen (dies geschah bereits bei den Santee Sioux, Omahas und Winnebagos und zeigte sich jenem Berichte zufolge als Stimulus grösseren Fleisses); 5) sollten Vieh und Ackergeräthe vertheilt werden und sollten zuverlässige Farmer praktischen Unterricht im Ackerbau ertheilen; 6) sollte den Indianern die Gelegenheit geboten werden, das Schreiner-, Schmiede- oder Müllerhandwerk zu erlernen; 7) sollten auf dem Privateigenthum der Indianer Wohnhäuser errichtet werden; 8) sollten erfahrene Frauen angestellt werden, welche den Indianerinnen Anweisung im Kochen, Nähen und Warten der Kranken ertheilten."

Ob es sich mit den Erfolgen, deren sich die Quäker in ihren Jahresberichten rühmen, wirklich so verhält, können wir natürlich nicht beurtheilen; bei der bekannten Wahrheitsliebe jener Leute ist übrigens jeder Zweifel unberechtigt. Die Winnebagos z. B. waren im Jahre 1869 noch notorisch faul und pflanzten nur äusserst wenig

---

*) Siehe die Broschüre „Testimony of the Society of Friends on Indian Civilization. Philadelphia 1878.

Korn und Weizen, da sie sich hauptsächlich auf die ihnen von der
Regierung gelieferten Fleisch- und Mehlrationen verliessen. Unter
der Aufsicht der Quäker aber verlegten sie sich mit grosser Energie
auf den Landbau und brachten es in verhältnissmässig kurzer Zeit
dahin, sich selbst ohne weitere Unterstützung erhalten zu können.

Die Geschichte Nebraskas hatte vor dem Jahre 1871 von zahlreichen Morden durch die Indianer zu berichten; seit jener Zeit aber
soll sich kein Indianer mehr an einem Weissen vergriffen haben,
trotzdem er oft genug dazu gereizt wurde.

Die Friedenspolitik der Quäker hat also triumphirende Früchte
getragen und sie blicken daher auch mit Stolz auf ihre Wirksam-
keit. Als die ersten Quäker Pennsylvanien besiedelten, betraten sie
die Wildniss ohne Waffen und sonstige Vertheidigungsmittel; sie bauten
keine Festungen und hielten keine Soldaten, sondern Gott allein war
ihre feste Burg. Dadurch gewannen sie die Freundschaft der Wilden
auf alle Zeit. Wo die Quäker mit den Indianern verkehrten, war
für ehrliche Ausführung der Gesetze und Verträge gesorgt; wo jene
Wild oder Felle zu verkaufen hatten, erhielten sie anständige Preise
dafür, und bei Einkäufen waren sie keinen Betrügereien ausgesetzt.

Als William Penn unter der Ulme von Shackamaxon am 14. October
1682 seinen berühmten Vertrag mit den Indianern abschloss, sprach
er unter Anderem:

„Der Grosse Geist, der euch und mich erschaffen hat, der
Himmel und Erde regiert und die innersten Gedanken der Menschen kennt, der weiss auch, dass ich und meine Freunde den
herzlichsten Wunsch besitzen, mit den Indianern in Frieden und
Freundschaft zu leben und ihnen mit allen Kräften zu dienen.
Es ist weder meine noch meiner Freunde Gewohnheit, Waffen
gegen unsere Mitgeschöpfe zu tragen und deshalb sind wir auch
unbewaffnet zu euch gekommen. Es ist nicht unsere Absicht, Unrecht zu thun und die Rache des Grossen Geistes herauszufordern;
sondern wir wollen Gutes thun."

Dass dies nicht leere Worte waren, hat die Geschichte hinlänglich bewiesen und dem darin ausgesprochenen Programm sind die
Quäker bis auf den heutigen Tag getreu geblieben.

Trotzdem unter der Administration des Präsidenten Hayes eine
entschieden ehrlichere Verwaltung der Indianerangelegenheiten in-
augurirt wurde, so waren die Senatoren jener Zeit der Ernennung
der Agenten durch die Quäker und andere religiöse Gesellschaften
abhold; mehrere von den Ersteren vorgeschlagene Beamte erhielten
die erforderliche Bestätigung nicht und man suchte der von der
Localpolitik dictirten Ansicht Geltung zu verschaffen, dass jeder
Agent aus dem Staate oder dem Territorium, worin sich die Agentur
befindet, genommen werden sollte. Die Fachpolitiker intriguirten
und suchten in anonymen Berichten an den Erfolgen der Quäker

zu mäkeln, so dass sich letztere moralisch gezwungen sahen, das No-
miniren von Agenten einzustellen.

Es würde hier zu weit führen, die Arbeiten anderer Missionsgesellschaften ausführlich zu besprechen; nur so viel sei bemerkt,
dass die meisten einfach Proselytenmacherei betrieben, währenddem
die Quäker ihr Hauptaugenmerk auf das leibliche Wohl ihrer Schutzbefohlenen gerichtet hatten. Ehe für letzteres ausführlich gesorgt
ist, soll man überhaupt ruhig mit dem Vaterunser und dem Einmal-
eins zu Hause bleiben. Dass man durch das von Grant eingeführte
Verfahren ehrlichere und tüchtigere Agenten bekam, unterliegt keinem
Zweifel; wurde jemals eine unehrliche Person angestellt, so waren
jene religiösen Gesellschaften die ersten, die es ausfanden und auf
ihre Entfernung drangen.

Dass auch die Mormonen von jeher sehr gut mit den Indianern
fertig geworden sind, hat seine besonderen Gründe. Dieselben fanden
es in ihrem Interesse, sich mit ihnen gleich von Anfang auf guten
Fuss zu stellen, damit sie bei der Besiedelung Utahs wenigstens von
dieser Seite Frieden hatten. Die Indianer nahmen den Glauben
jener sonderbaren Heiligen an, denn die Vielweiberei gefiel ihnen
auch und das „haufenweise“ Waschen bei der Aufnahme machte
ihnen auch grosses Vergnügen. Sie wurden somit die Alliirten der
Mormonen und wozu sie sich als solche gebrauchen liessen, zeigt
z. B. die Geschichte von dem Blutbade auf der Bergwiese.

Es ist schon mehrfach der Versuch gemacht worden, das Indianerbureau mit dem Kriegsdepartement zu verbinden, zu dem es
übrigens auch vor dem Jahre 1849 gehörte; doch wurde es auf An-
rathen des damaligen Kriegssecretärs mit dem Ministerium des Innern verbunden. Doch die Gründe, welche man gegen eine derartige Verschmelzung geltend machte, waren stets so schwerwiegend,
dass sie bis jetzt unterblieb. Sollten dem Kriegsdepartement auch
noch die vielen Geschäfte des Indianerbureaus aufgebürdet werden,
so wäre vor allen Dingen eine Vergrösserung der Armee nöthig und
gegen diese ist jeder Amerikaner principiell eingenommen. Auch
ist hinlänglich bekannt, wie schlecht sich die amerikanischen Soldaten für Civilisationszwecke eignen; wo sie auch mit den Indianern
verkehrten, geschah es stets zum Nachtheile der letzteren. Der Soldat
ist für den Krieg, aber nicht für den Frieden herangebildet und so
lange das Indianerbureau unter dem Kriegsdepartement stand, sieben-
zehn Jahre nämlich, wurden beständig kostspielige Kriege geführt,
und was alsdann von der Kugel oder dem Bajonnet verschont blieb,
wurde im Frieden durch schreckliche Krankheiten hingerafft. Dass
die Officiere der Armee nicht besonders ehrlicher als die Civil-
beamten sind, bedarf auch keiner besonderen Erwähnung.

Ehrliche Leute, welche sich für die Leitung der Indianerangelegenheiten eignen, giebt es noch immer in Amerika; nur muss man
sie da suchen, wo sie sich befinden. Jenen Beamten übrigens alle

Schuld an den obwaltenden Missbräuchen und an den dadurch hervorgerufenen Indieneraufständen in die Schube zu schieben, wäre ebenso ungerecht wie einseitig. Auch der Congress trägt an manchem Uebel und Blutvergiessen die Schuld, ja oft die Hauptschuld. Oft werden ihm Berichte von Agenten eingeschickt, deren Inhalt die schleunigste Berücksichtigung erheischt; statt sich nun gleich darum zu bekümmern, zieht er es vor, seine Zeit mit weniger eilenden Dingen zu vertrödeln, was nicht selten einen Indianeraufstand zur Folge hat. Oft erhalten die Agenten, weil es der Congress verabsäumte, rechtzeitig Gelder zu bewilligen, den erwarteten Proviant um Monate zu spät, inzwischen aber sieht sich der Indianer, wenn er nicht darben oder verhungern will, zu Gewaltmaassregeln gezwungen.

Die Indianer bilden gegenwärtig einen Staat im Staate und man schliesst Verträge mit ihnen wie mit fremden Mächten. Um dieses Missverhältniss zu beseitigen, nahm der Congress am 3. März 1871 den Antrag an, hinfort keine Nation innerhalb der Grenzen der Vereinigten Staaten als unabhängige Macht anzuerkennen, wodurch man hauptsächlich die Stammesorganisation der Indianer vernichten wollte. Früher gebot es einfach die diplomatische Klugheit, von einem zehnfach stärkeren Feinde seinen Zweck durch Verträge zu erlangen, weil man es nicht durch Waffengewalt erzwingen konnte. Jene Congressacte ist jedoch bis jetzt ohne praktische Wirkung geblieben.

Seit einigen Jahren ist in der Civilisation und Behandlung der Indianer ein erfreulicher Fortschritt zum Bessern gemacht worden, was grösstentheils dem Einflusse unseres deutschen Landsmannes Karl Schurz, des Ministers des Innern, zuzuschreiben ist. Seit jener Zeit ist jeder Anspruch an die Regierung, einerlei ob er von Agenten oder Indianern ausging, gründlich und unparteiisch untersucht und somit manchem Betrug rechtzeitig vorgebeugt worden. Die Händler wurden gezwungen, Preislisten ihrer Waaren an öffentlichen Plätzen anzuschlagen, um das gewohnte Uebervortheilen zu verhindern; das Liefern von Kaffee, Zucker, Taback u. s. w. wurde nur an solche Indianer erlaubt, die es durch Arbeit verdient hatten. Auch dem so verderblichen Unfug der Agenten, ihre Unterbeamten aus der Reihe ihrer Verwandten zu wählen, wurde energisch Einhalt gethan und dann wurde darauf hingearbeitet, die Agenturen so viel wie möglich zu consolidiren, damit der ganze Dienst besser zu übersehen und die Indianer erfolgreicher zu überwachen wären. So ist z. B. im Indianer-Territorium noch hinlänglich Platz, um alle Stämme von Neumexiko, Colorado und Arizona aufnehmen zu können. Je näher beisammen sie wohnen, desto leichter sind auch ihre Kinder an das Besuchen der Schulen zu gewöhnen. Eine militärische Bewachung wäre bei grösserer Consolidation auch leichter möglich; denn bricht z. B. jetzt auf einer entfernten Reservation ein Aufstand aus, so ist gewöhnlich schon ein schreckliches Blutbad angerichtet worden, ehe die nöthigen Truppen an Ort und Stelle gebracht werden können.

Pulver, Blei und Schiesswaffen sollten den noch uncivilisirten
Indianern weder durch die Regierung geliefert, noch durch Händler
heimlich verkauft werden dürfen; doch jene Händler sind unter den
gegenwärtigen Verhältnissen schwer zu controliren.

Schulen, in denen nicht allein Lesen, Schreiben und die An-
fangsgründe der Mathematik gelehrt, sondern worin den verschiedenen Handwerken und vor allen Dingen dem Ackerbau grosse Aufmerksamkeit gewidmet wird, sind die Pflanzstätten der Civilisation
unserer Rothhäute. Man hätte die bestehenden Institute schon längst
wirksamer machen können, hätte man den Schulzwang eingeführt
und von der Befolgung desselben die Lieferung der Annuitäten ab-
hängig gemacht. Die sogenannten Boardingschulen, in denen die
Kinder Kost, Logis und Unterricht erhalten, sind die nützlichsten
Anstalten; während des Aufenthaltes darin sind die Kinder dem
wilden Leben und seinen Reizen entrückt und es wird dadurch zur
Gewöhnung an ein civilisirtes Leben ein viel sicherer und dauer-
hafterer Grund gelegt, als wenn man das Kind nach den beendigten
Schulstunden wieder dem Einflusse seiner Eltern und Spielgenossen
überliesse. In solchen Schulen ist nur allein ein regelmässiger Unterricht denkbar.

Ohne den energisch eingeführten Schulzwang ist mit den In-
dianerkindern vorläufig nicht viel zu machen; aber dies ist ein heikler
Punkt, denn der Amerikaner denkt, eine derartige Maassregel ver-
trage sich nicht mit den Principien einer Republik.

Wie man die Beamten der Regierung bei jeder Gelegenheit
wechselt und sich damit der Möglichkeit begiebt, ein durch sie ein-
geführtes System durch längere Beobachtung kennen zu lernen, weshalb man gerade in Bezug auf Indianerangelegenheiten so selten
aus dem Stadium des ewigen und kostspieligen Experimentirens her-
auskommt, so macht man es auch mit den Lehrern der Indianerschulen; fast jedes Jahr werden andere Lehrkräfte angestellt, die
dann natürlich wieder geraume Zeit brauchen, ehe sie sich an die
Eigenthümlichkeiten ihres' Amtes gewöhnt und die nöthige Erfahrung
zur erfolgreichen Führung desselben gewonnen haben. Gerade in
solchen Schulen vermag unter den obwaltenden Verhältnissen nur
ein Lehrer von langjähriger Erfahrung etwas zu leisten; denn dauert
es schon lange, bis er sich das Vertrauen und die Liebe seiner
schüchternen Zöglinge erworben hat, so braucht es noch viel mehr
Zeit, um sich in den eigenthümlichen Charakter derselben hinein-
zufinden, damit er sich einen heilsamen Einfluss auf denselben sichern
kann. Er kann nur mittelst langer Erfahrung ausfinden, durch
welche Mittel er ihnen Lust und Liebe zum Lernen und Geschmack
am Schulleben beibringt; mit Strafen kann er das nicht, und um
jedem Kinde täglich ein Stück Butterbrod zu geben, dazu fehlt es
ihm an den nöthigen Mitteln, abgesehen davon, dass ein solches
Verfahren vor einer streng pädagogischen Kritik nicht bestehen kann.

In den meisten Fällen ist daher der Unterricht den Lehrern wie den
Schülern eine Qual; Erstere verstehen selten ein indianisches Wort
und Letztere nur ein sehr mangelhaftes Englisch und der Unterricht
ist daher schliesslich nichts Anderes, als ein werthloses, mechanisches
Eintrichtern. Dass es trotzdem, z. B. unter den civilisirten Stämmen
des Territoriums, verhältnissmässig mehr Menschen giebt, die des
Lesens und Schreibens kundig sind, als in Südfrankreich, zeigt, dass
der Indianer im Nothfalle die grössten Schwierigkeiten erfolgreich
überwinden kann. Jenes Territorium giebt übrigens mehr für Schulzwecke aus und zieht, beiläufig gesagt, mehr Feldfrüchte, als alle
anderen Territorien zusammengenommen.

Was nun das Stimmrecht, verbunden mit allen Rechten und
Pflichten eines amerikanischen Bürgers, anbelangt, so sollte man mit
der Ertheilung desselben an Indianer nicht zu eilig sein; in politi-
scher Hinsicht machen die meisten äusserst langsame Fortschritte
und die traurigen Erfahrungen, die man bis jetzt mit ihnen auf diesem Gebiete gemacht hat, lassen zur äussersten Vorsicht mahnen.
In Michigan gab man ihnen schon vor vielen Jahren alle Bürgerrechte; man mass jedem Indianer sein Stück Land zu, aber da derselbe zur rechten Zeit vergass, die darauf lastenden Steuern zu bezahlen, so sah er bald sein Eigenthum in den Händen jener schlauen
Politiker, die ihm zum Stimmrecht verholfen hatten. Der Indianer
hatte allerdings die Genugthuung, für alle öffentlichen Beamten
stimmen zu dürfen, und ausserdem den Trost, dass er sogar selbst
für irgend eine politische Stellung wählbar sei, trotz alledem aber
musste er, falls er keine Arbeit fand, sein Brod vor fremden Thüren
betteln.

Als die Pottawatomis in Kansas das Stimmrecht erhielten, verkauften die meisten ihr Land und verbanden sich mit einem andern
Stamme im Territorium. Dasselbe thaten die Wyandotts in demselben Staate. Die herzlosen Politiker folgerten einfach: wenn wir
dem Indianer alle bürgerlichen Rechte einräumen und ihm ein Stück
Land zum Eigenthum geben, so haben wir unsere Schuldigkeit gethan; die Rothhäute sind alsdann keine Mündel mehr und was sie
thun, dafür sind sie dem Gesetze verantwortlich — allerdings eine
äusserst einfache Procedur, diese verwickelte Frage zu lösen. Das
Bürgerrecht aber sollte nur dem Indianer verliehen werden, der
seine Stammesverbindung aufgegeben und sich dem Einfluss seines
Häuptlings entzogen hat; ferner muss er sein Land als individuelles
Eigenthum besitzen und im Stande sein, sich selbst ernähren zu
können.

Aber auch mit dem Verleihen des Landes als unabhängiges
Eigenthum sollte man äusserst vorsichtig sein und es ihnen vorläufig
nur unter der Bedingung überlassen, dass sie es innerhalb zwanzig
Jahren nicht veräussern dürfen, um den Schwindeleien weisser Spe-
culanten vorzubeugen. In einem Zeitraum von zwanzig Jahren aber

ändert sich in dem schnelllebenden Amerika sehr viel und während dieser Zeit lernt auch jeder Indianer den Werth einer freien Heimstätte, die ihm den Lebensunterhalt liefert, schätzen; auch hat er dann die Unmöglichkeit, sein wildes, ungebundenes Leben wieder aufzunehmen, hinlänglich eingesehen.

Fernerhin sollte darauf hingewirkt werden, dass der Indianer in Bezug auf die Landesgesetze keine Ausnahmestellung einnimmt; er muss wissen, dass er unter der Jurisdiction allgemeiner, für jeden Bewohner der Vereinigten Staaten gültiger Gesetze steht und dass die Regierung die Macht hat, denselben Gehorsam zu erzwingen. Seine historischen Rechtsbegriffe müssen beseitigt werden, denn sie gehören noch der Zeit der Barbarei an.

In Canada hat die Indianerfrage eigentlich nie zu den brennenden gehört und ist man mit derselben stets ohne besondere Schwierigkeiten fertig geworden. Allerdings fand daselbst nicht immer ein neuer Systemwechsel statt und nicht jeden Augenblick wurden neue und unerfahrene Beamte eingesetzt, sondern Alles ging nach bestimmten und durch die Erfahrung erprobten Regeln vor sich, die nur dann verändert wurden, wenn man inzwischen etwas Besseres ausgefunden hatte. In Canada giebt's für alle Bewohner nur ein Gesetz; jeder indianischen Familie sind hundert Acker Land zuertheilt, die sie weder an Weisse noch Mitglieder eines anderen Stammes verkaufen dürfen. Deshalb sind sie auch niemals um ihr Eigenthum beschwindelt worden, und da sie fernerhin unter der Aufsicht gewissenhafter und ehrlicher Beamten stehen, wie sie der grossen Nachbarrepublik zu fehlen scheinen, so haben sie sich seit hundert Jahren keinen feindseligen Act gegen die Weissen zu schulden kommen lassen. Die Reservationen sind gegen fremde Eindringlinge geschützt und der would be Pionier muss sich bequemen, an denselben vorbeizuziehen.

Die Indianer Canadas beschäftigen sich meistens mit Ackerbau, halten ihr jährliches Wettpflügen ab, haben landwirthschaftliche Vereine und Temperenzgesellschaften, die hauptsächlich gegen den Gebrauch berauschender Getränke wirken — kurzum, sie halten einen vortheilhaften Vergleich mit den civilisirten Stämmen der Union aus.

Arbeit, und zwar Bearbeitung des Bodens, ist der Grundstein aller Civilisation. Es ist dies für den Indianer anfangs allerdings keine angenehme Beschäftigung und so lange er von den ihm gelieferten Fleisch- und Mehlrationen leben kann und ausserdem noch die Möglichkeit vorhanden ist, dann und wann einen Büffel zu erlegen, giebt er sich nicht damit ab. Ging's doch nach Tacitus unseren deutschen Vorfahren auch nicht viel besser. Nationale, tief eingewurzelte Vorurtheile lassen sich nicht mit einem Male wegfegen; denn gut Ding will Weile haben. Aeussere Verhältnisse, mit an-

deren Worten, die nackte Noth, wirken hier mehr als alle Ermah-
nungen. Das alte Paradies der Menschheit mit seinem privilegirten
dolce far niente gehört der Traumwelt an; das Leben aber ist kein
Traum, sondern ein Kampf. Die moralische Aufgabe daher ist, das
alte Wunderparadies durch ein aus eigener Kraft geschaffenes zu
ersetzen; dies thun zu können, dafür ist bei den meisten Völkern,
von denen hier die Rede war, die begründetste Hoffnung vorhanden.

Druck von Hür & Hermann in Leipzig.